KU-585-893

1

DYNA FY MYWYD

Yn ei llythyr at Saunders Lewis, 8 Mawrth, 1961, mae Kate Roberts yn canmol y bachgen ifanc o Garmel, Dafydd Glyn Jones, am weld yr hyn y methodd eraill ei weld, sef 'mai corff y llyfr yw'r dylanwadau a wnaeth i mi ysgrifennu.' Cyfeirio y mae at *Y Lôn Wen*, 'darn o hunangofiant' a gyhoeddwyd yn 1960.

O'r un ar bymtheg o gyfrolau a ysgrifennodd Kate Roberts rhwng 1927 ac 1976, dyma'r gyfrol y mae gofyn i unrhyw un sy'n dymuno agor drysau ei storïau a'i nofelau ei darllen yn fanwl, fanwl, nid yn gymaint oherwydd ei gwerth llenyddol, ond am mai yma y daw o hyd i'r allwedd. Mae cyfrinach y canfod, nid yn unig yn y dweud pendant, ond yn yr hyn nad yw'n cael ei ddweud a'r cwestiynau a adewir heb eu hateb.

Ceir ym mhennod olaf y gyfrol rai o gyfaddefiadau tristaf a mwyaf dirdynnol ein llenyddiaeth:

> Digwyddodd popeth pwysig i mi cyn 1917, popeth dwfn ei argraff . . . Dyna fy mywyd . . . Yr oeddwn yn fyw y pryd hynny . . . Ymataliais am fod arnaf ofn . . . Gofynnaf y cwestiynau i wacter fy nhŷ.

'Popeth'; 'yn fyw'; 'ofn'; 'gwacter' — geiriau gwraig a dreuliodd ei hoes faith yn edrych ar fywyd heibio i ffrwyn dall y gorffennol, yn pwyso a mesur ei heddiw ar glorian ei doe a'i hechdoe, a'i gael yn brin.

Mewn erthygl a ysgrifennodd i'r *Traethodydd* yn 1935 dan y teitl 'Dianc', mae'n holi pam y mae bywyd heddiw yn ffurfio 'cyn lleied o ddefnydd crai ein llenyddiaeth' gan ychwanegu, mewn cromfachau, ei bod yn ei hystyried ei hun yn bechadur mawr yn hyn o beth. Meddai, wrth sôn fel y mae llenorion yn troi 'llygad hiraethlon' ar y gorffennol gan feddwl bod yr amser a fu yn well na'r amser hwn,

7

Os yw hynny'n wir o gwbwl, mae'n wir am y diwylliant a'r bywyd Cymreig — yn ôl y mae amser gorau hwnnw.

I Gae'r Gors, Rhosgadfan y perthyn chwe blynedd ar hugain y popeth, 'y blynyddoedd a'u hargraffodd eu hunain ar fy meddwl ac a roes imi ryw ddyhead am ysgrifennu.'

Yr ydym oll yn hen gyfarwydd â'r rheswm a roes Kate Roberts dros iddi ddechrau ysgrifennu, sef colli ei brawd yn y rhyfel byd cyntaf a gorfod 'dweud rhywbeth neu suddo.' Yn ôl y *Daily Express*:

> Grief gave power to her pen . . . The tragedy of war turned the school teacher into a woman fired with great purpose.

Yr oedd y golled deuluol yn ffactor amlwg, wrth reswm, ond y mae'r ddau air 'neu suddo' yn cynnwys sawl cymhelliad arall.

Yn 1917, bu'n rhaid iddi gefnu ar ei chartref a mynd yn athrawes Gymraeg i Ysgol Sir y Merched, Aberdâr. Ddeng mlynedd yn ddiweddarach, ysgrifennodd mewn llythyr at Saunders Lewis:

> Wel, dyma fi yn ôl yn uffern ers wythnos ac yn teimlo yr hoffwn chwythu Aber Dâr i'r cymylau. Pe cawn i rywun i wrando arnaf fe awn trwy res o regfeydd y munud yma. Buasai'n dda gennyf fod filoedd o filltiroedd o'r lle yma. *(Annwyl Kate, Annwyl Saunders)*

Ffrwyth y cyfnod hwn oedd *Deian a Loli*, *Laura Jones* a'i chasgliad cyntaf o storïau byrion, *O Gors y Bryniau*, Haerai iddi ymroi ati i lenydda'n bennaf 'am y buasai bywyd yn Aber Dâr yn annioddefol ar wahân i hynny', gan ychwanegu mai adref yn Rhosgadfan y teimlai y medrai 'ysgrifennu er mwyn ysgrifennu.'

Yn y *Gyfrol Deyrnged*, ceir atgofion cyn-ddisgybl a chyd-athrawes sydd, o'u cyferbynnu â chyffes yr 'enaid ar bapur' (ei disgrifiad hi o ysgrifennu llythyr) yn tanlinellu'r hunan-ddisgyblaeth o orfod cadw'r teimladau o dan gaead, yn niffyg clust i wrando. Meddai Olwen Samuel, y cyn-ddisgybl:

> Tybiaf fod gan Dr. Roberts dipyn o olwg ar y dref (sef Aberdâr) oherwydd yno y dechreuodd y grefft a ddatblygodd yn nes ymlaen yn feistrolaeth lwyr.

LLÊN Y LLENOR
Golygydd: J. E. CAERWYN WILLIAMS

Kate Roberts

Eigra Lewis Roberts

GWASG PANTYCELYN

ACC No: 1189416

CYM
891.6632
ROB

© Gwasg Pantycelyn 1994 Ⓗ

ISBN 1 874786 20 8

Dymuna'r cyhoeddwyr gydnabod yn ddiolchgar
gefnogaeth ariannol Cyngor Celfyddydau Cymru.

Argraffwyd gan Wasg Pantycelyn, Caernarfon

CYNNWYS

RHAGAIR

Mae'r Lôn Wen yn dywyll heno,—y niwl
    yn hulio Moel Smatho
    â'i gnu, a'r nos yn gwnio
    cadachau am friwiau'r fro.

Yn argel y tawelwch
Cwyd adlais y llais o'r llwch;
Un â'i llên roes i fyd llwm
ei arlwy wedi'r hirlwm.
Mewn cyffion bu hon yn hau
erwau'i gweryd â'r geiriau.

Gwêl y crin yn egino—yr hirnos
    a'r oerni yn cilio,
    a'i gwerin yn blaguro
    yn haf bras cynhaeaf bro.

Cynhaeaf ffair gaeaf i gyd—a'r golud
    o rigolau bywyd;
    ei faeth rydd i hyn o fyd;
    gobaith yn afiaith hefyd.

Daw'r llu'n ôl o dir Llain Wen,
y Foelas a'r Ffridd Felen;
hil y Faenol, y Fawnog,
i gyd mor llawen â'r gog;
y traed yn fflachio trydan
a'r lleisiau yn cynnau cân.

Mae dylif ei hysgrifen—yn llifo'n
    lleufer o'r dudalen,
    a llith aur pob llythyren
    yn olau'n awr i'n Lôn Wen.

Diolch i'r Athro J. E. Caerwyn Williams a Gwasg
Pantycelyn am eu cydweithrediad ac i Dafydd Ifans am
ganiatâd parod i ddyfynnu o'r gyfrol *Annwyl Kate,
Annwyl Saunders.*

Eigra Lewis Roberts

(33) (55)

Traed mewn Cyffion

9✓, 14, 25, 29, 30, 34, 40, (48)

(49), 55, 59, 65, 66, 72, 77, 78, (91, 93)

95, 99, 100, 102, 108 (110 x2),

Tegwch y bore.

9, 10, 11, 19, 20, 22, 24, 26, ~~32~~, 37, 46

56, 67, 70, 72, 78, 81, ~~~~ 86

94, 96, 106, 107, 109, ~~112~~

Y byw Sy'n Cysgu

20, 27, 28, 32, 54, 73, 78, 83, 85,

102, 104, 105, 106, 107, 111

Diddorol yw sylwi, fodd bynnag, ei bod yn *Atgofion: Cyfrol 1* yn honni iddi fod yn hapus iawn yn yr ysgol ac yn y dref ei hun.

Yn rhaglen deledu H.T.V., Ionawr, 1976, mynnai Kate Roberts na fu arni erioed eisiau 'madael â'i chartref a'r ateb cadarnhaol-bendant 'Ydw' oedd ganddi i gwestiwn Gwyn Erfyl: "Da chi'n dal i "fyw" yng Nghae'r Gors?':

> Yn rhyfedd iawn, ar hyn o bryd, 'rydw i'n breuddwydio am Gae'r Gors o hyd — ble bynnag 'rydw i'n mynd dwi'n dod yn ôl yno, a dwi'n gweld trên, ac mae'r trên yma'n mynd i fyny i Rosgadfan, ac mae eisiau dal y trên o hyd, ac i Gae'r Gors 'rydw i'n mynd. (*Kate Roberts: Ei Meddwl a'i Gwaith*)

Ond nid dianc yn ôl i'r gorffennol â'i 'dychymyg yn drên' yn unig a wnaeth hi. Y gwir yw iddi, a benthyca geiriau Richard wrth Ann yn *Tegwch y Bore*, fethu ymddihatru oddi wrth ei theulu na'i diddyfnu ei hunan oddi wrth ei phlentyndod.

Adleisir gwewyr yr ymadael daearyddol a'r hiraeth a'i dilynai yn Owen, mab y Ffridd Felen, yn y nofel *Traed Mewn Cyffion*, 'nad aeth erioed i ffwrdd o'i gartref, i nac ysgol na choleg, heb i'w hiraeth wneud iddo daflu i fyny', ac yn llythyr Wil at ei ffrind, Ifan, yn y stori 'Penderfynu' (*Hyn o Fyd*):

> Ni allaf ddweud mewn llythyr beth oedd yr ymadael, y gwahanu a dwad i dŷ diarth . . . Mae cofio am y cyd-fyw, y cyd-dristáu, y cyd-lawenhau efo'i gilydd yn y tŷ hwnnw yn beth na ellir mo'i drosglwyddo i eraill. Un lwmp o boen yw peth fel yna wedi ei wasgu mor glos ac mor drwm fel na fedri di ddim tynnu darnau allan ohono a'i ddisgrifio.

Yn ôl ei chyfaddefiad ei hun, nid oedd yn blentyn llonydd na diddig. Yr oedd i'r doe ei bethau cas ac anhyfryd, ei siomedigaethau, ei gywilydd, a'i ofnau, ond ar aelwyd Cae'r Gors yr oedd 'digon o dân bob amser.' Mae'r ddelwedd o dân yn amlwg iawn yn ei gweithiau. Hwn sy'n cynrychioli cynhesrwydd, goleuni, cysur a diogelwch cartref ac aelwyd. Ond i'r doe y perthyn sirioldeb y fflamau. Lludw oerni ystafell Cynddylan sy'n nodweddu'r heddiw.

Yn y stori 'Dychwelyd', o'r gyfrol *Gobaith a storïau*

eraill, â taith y cof â'r wraig oedrannus, Annie, i'w hen gartref:

> Yr oedd y gegin fel petai caenen o niwl drosti, ei thad a'i mam fel cysgodion yn ei ganol. Yr oedd eu hwynebau o liw pwti llwyd-wyrdd, eu bochau yn bantiau ac yn bonciau, eu gên a'u trwynau crwbi bron yn cyrraedd ei gilydd. Edrychent fel cartwnau ohonynt eu hunain. Eto medrai eu hadnabod. Yr oedd y tân yn isel yn y grât.

Ond, yn raddol, mae'r niwl yn clirio a'r pantiau'n codi:

> Daeth tân siriol i'r grât a goleuodd y gegin i gyd.

Cyfeiria Kate Roberts yn *Y Lôn Wen* at y gegin fawr, gysurus a oedd yn ganolbwynt y cartref gan ychwanegu mai dyna paham, efallai, 'yn hollol anymwybodol' y bu iddi sôn cymaint am gysur aelwyd. Cysur, yn sicr, ond diogelwch yn fwy na dim.

Elfen arall o gysur aelwyd yw'r bwrdd y mae'r teulu a aeth ar chwâl yn tynnu'n ôl ato ar ddyddiau gŵyl, a phob aelod yn mynd i'w le yn reddfol 'fel yr âi pob buwch at yr un rhesel yn y beudy.' Pwysleisir arwyddocâd yr aduniad ym mhrofiad Ann Owen yn y nofel hunan-gofiannol *Tegwch y Bore*:

> Yr oeddynt yn deulu cyfa mewn ystyr fwy nag i rif. Y teimladau cynnes yn llifo o un i'r llall heb eiriau uniongyrchol i fynegi hynny, dim ond mewn sgwrsio cyffredinol fel anelu at un peth a hitio peth arall. Ond fe wyddai pob un yn y bôn ei fod wrth ei fodd bod ar yr aelwyd gartref, ac nad oedd unrhyw le y dymunent fod ynddo yn well.

Flwyddyn yn ddiweddarach, er bod y teulu wedi ei fylchu gan farwolaeth ei brawd, erys arlliw o'r hen gysur:

> Yr oedd bod wrth y bwrdd efo'i thad a'i mam fel cael cadach oer ar ei phen pan gâi'r beil, yn lleddfu'r boen am ychydig.

I Ann a Kate, fel i sawl plentyn alltud arall, yno yn y cartref yr oedd eu hunig gysur ar awr dywyll.

Mewn nodiadau anerchiad dan y teitl 'Cyffes Ysgrifennwr' meddai Kate Roberts:

> Rhaid inni dderbyn damwain ein geni, mewn lle, cyfnod a chyflwr. Mae'r awdur yn dewis ei ongl ei hun a'i lygad ei hun i edrych arno. Yn y gongl bach yna y mae *Bywyd.*

10

I'r hen wraig yn y stori 'Dychwelyd', a oedd wedi meddwl, yn blentyn, nad oedd y byd ond yr hyn a welai, siom oedd canfod bod llefydd eraill yn bod. Llefydd, efallai, ond dim ond un byd ac un bywyd:

> Yn eu cilfach fynyddig a'u brwydro ag amgylchiadau, un ystyr oedd i'r gair byd, a'r peth yr oeddynt yn brwydro ag ef oedd hwnnw. Fe wyddent fod bydoedd eraill ymhell, a bod byd y tu allan i'r eglwys, ond y byd a oedd beunydd yn eu hymwybod oedd y byd modd i fyw. (*Tegwch y Bore*)

I'r gilfach honno y perthynai Kate Cae'r Gors, a'r rhwymyn tynn a'i daliai wrth 'deulu di-antur, heb erioed weld y byd, na deisyfu gweld dim mwy na'r hyn a welent o garreg eu drws' yn un nas gellid ei ddatod. Fel Ann Owen, yr oedd hi a'i theulu 'i gyd fel llygaid ar yr un llinyn' ac ar 'yr un wifren o deimlad.'

Loes iddi oedd gorfod gadael cysur ei chilfach a cheisio ymdopi â'r oerni o'r tu allan, fel i Ela yn y stori 'Torri Trwy'r Cefndir' (*Gobaith*):

> Nid oeddwn ond pump ar hugain oed, yr oed hwnnw pan mae popeth yn y radd eithaf, o ddaioni gan mwyaf, pawb yn neis, heb ddigon o brofiad o fywyd i weld tyllau mewn cymeriadau, nac i weld tyllau mewn bywyd ei hun.

Un o benodau mwyaf allweddol *Y Lôn Wen* yw 'Fy Mam'. Ar ddiwedd y bennod honno mae'n sôn am y 'cyfoeth iaith a diwylliant' a gafodd ar yr aelwyd, cyfoeth na all neb ei ddwyn oddi arni. Dywed y gall edrych yn ôl ar gartref a rhieni gyda hyfrydwch:

> Nid oherwydd llyfnder y bywyd gynt — bu'n galed a stormus, ni bu'n heddychlon bob amser — ond oherwydd na ddaeth dim byd chwerw ei flas ohono. Ni allaf fi 'edrych yn ôl mewn digofaint'.

Iddi hi, peth negyddol oedd hynny. Ond peth cadarnhaol oedd edrych o'i chwmpas mewn digofaint.

Er iddi gyfaddef bod yn ei hardal rai pethau cas a phobl annymunol ac iddi egluro pam na fu iddi sôn amdanynt, manteisiodd ar bob cyfle i ddelfrydu'r gorffennol ar draul chwipio'r presennol:

> Materoliaeth ac ymblesera yw'r delfrydau bellach . . . nid yw rhieni'r oes hon yn credu yn y gair 'Paid' (1946). 'Mae henaint

Dinbych yn beth oer a chwâl, a henaint Caernarfon yn beth clos, cynnes.' (1961) Amrywiaeth ar yr un thema yw ein holl lenyddiaeth erbyn hyn, rhoi'r olwg hyllaf posibl ar fywyd (1966).

Byddai engreifftiau o'r fath, o erthygl ac ysgrif, o stori a nofel, yn llenwi cyfrol.

Fel yr âi'r blynyddoedd heibio, gallai'r gorffennol fod yn ormod o faich ar adegau. Ni fedrai edrych ar lun o Glasynys yn y *Radio Times* heb fod arni 'eisiau beichio crio', na darllen stori 'Y Condemniedig' (*Ffair Gaeaf*) heb wylo. Y mae gweld ei hun yn eneth saith oed yn y ddol yn ormod i'r hen wraig yn y stori 'Prynu Dol' ac 'ni fedrai ddal yr olygfa.'

Meddai Wil wrth ei gyfaill Sam, yn y stori 'Dau Grwydryn' (*Yr Wylan Deg*):

> 'Rydw i'n licio beth ddwedodd Bertrand Russell am y gorffennol: 'Duw ofnadwy yw'r gorffennol er ei fod yn rhoi i fywyd bron y cyfan o'i harddwch'.

Bu marw'i mam yn 1944, yr olaf o Gymry unieithog y gymdeithas dda, heddychlon, gymwynasgar yn ergyd drom iddi:

> Mae'r syniad yn rhy drist i feddwl amdano, yn enwedig mewn byd creulon, anniwylliedig fel y sydd heddiw. Teimlaf weithiau mai dim ond fy mhlentyndod sy'n ffaith, mai breuddwyd yw gweddill fy einioes. (*Annwyl Kate, Annwyl Saunders*)

Yn 'Dyddiadur Gwyliau Nadolig, 1957' mae'n ysgrifennu:

> Pa beth bynnag a ddigwydd inni heddiw, ni bydd ei ôl ond fel caenen o eira o dan lygad yr haul. Ni ellir ein gwella o'n plentyndod nac o'n hieuenctid ychwaith.

Ond hyd yn oed petai gwellhad yn bosibl, ni fyddai wedi dymuno hynny. Yr oedd yr un mor chwannog i lyfu briwiau'r gorffennol ag ydoedd i goleddu'r mwynhad.

'Dyna fy mywyd' . . . y bywyd a oedd ynghlwm wrth hanes ei hynafiaid a fu'n gwau ei thynged yn y gorffennol pell; un a'i ddiogelwch mewn tân ar aelwyd a'i gysur mewn bwa blewog am wddw; y cyfnod pan roddai'r 'byw' ei nod annileadwy ar fanion einioes. Rhoddodd brofiadau'r byw i'w cadw, fel marblis mewn warpaig, nid dros nos, ond am oes, a bu agor y llinyn crychu drwy gyfrwng y cof a'r creu yn fodd i nerthu'r bod, yn gymorth i 'redeg ras gydag amser' ac i frwydro o fewn terfynau'i charchar.

2

BITI YNTE?

Y gŵyn gyffredinol yw fod storïau a nofelau Kate Roberts yn syrffedus o drist a di-obaith. Ei hateb hi i'r cwestiwn, 'Beth a ddywedwch chi wrth y bobl hynny sy'n dweud eich bod yn tynnu darlun rhy dywyll o fywyd?' oedd:

> Dweud eu bod yn bobl arwynebol eu barn. Mae gan bob awdur hawl i dynnu'r darlun a fynn o fywyd . . . Pobl yw'r rhai hyn sy'n meddwl mai darlun camera y dylai stori ei roi o fywyd ac nid darlun arlunydd.

Fe'i blinid gan y ffaith fod rhai pobl yn credu mai ffotograffydd ydoedd, yn hytrach nag arlunydd geiriol, a manteisiodd ar bob cyfle i wrthbrofi hynny, fel yn ei sgwrs radio gydag Aneirin Talfan Davies yn y gyfres *Dylanwadau* yn 1960:

> Mae lot o bobol yn meddwl mai ffotograffydd ydw i, ond nid dyna ydi'r gwir.

Ymddengys mai sylwadau W. J. Gruffydd ar y gyfrol *O Gors y Bryniau* yn *Y Llenor*, 1925, oedd wrth wraidd hyn:

> Tueddir ni i gredu fod Miss Roberts yn dibynnu weithiau ar y cof yn hytrach nag ar y dychymig, ei bod yn rhy barod i wneuthur ffotograff yn lle paentio darlun . . . Oriau diog Miss Roberts yw pan demtir hi i adgynhyrchu yn lle creu.

Un mlynedd ar ddeg yn ddiweddarach, yn ei adolygiad ar y nofel *Traed Mewn Cyffion* (*Y Llenor*, 1936) mae'n cyfeirio'n ôl at ei feirniadaeth gan ychwanegu ei bod bellach 'wedi gorffen dysgu ei chrefft.'

Dewisodd John Gwilym Jones fanylu ar y gair 'ffotograffig' wrth flasu 'bwyd angenrheidiol' *Y Bryniau Pell* gan Jane Ann Jones a 'bwyd amheuthun' *Stryd y Glep* (*Lleufer*, 1949):

> Am ryw reswm neu'i gilydd mae staen ar y gair ffotograffig pan ddefnyddir ef i ddisgrifio llenor. Yr awgrym yw nad yw'r llenor

hwnnw'n medru defnyddio'i ddychymyg i wneud ei ddarlun o fywyd yn ychydig amgenach na bywyd, a'i fod o'r herwydd yn gorfod dibynnu ar gofnodi moel. Yr hyn a anghofir yw fod yna lenor ffotograffig sy'n medru rhoi osgo i'w gamera, ac un hefyd sy'n methu.

Iddo ef, mae camera drud celfyddyd Kate Roberts fel ysbienddrych y Bardd Cwsc o'i gyferbynnu â'r camera cyffredin sy'n bradychu'r diffyg dewis rhwng y perthnasol a'r amherthnasol ac yn tanlinellu'r tristwch yn hytrach na'i dymheru.

Yn y cyfweliad teledu, dywed Kate Roberts na fu iddi weld bod bywyd yn beth digri o gwbl ond ei bod yn ceisio osgoi'r tristwch. I un o'i natur hi, yr oedd hynny'n gwbl amhosibl. Mynnai, fodd bynnag, nad oedd dioddef yn gyfystyr â thristwch:

> Dal i frwydro â'r byd y byddai rhieni yr oes honno; ni chymerent eu gorchfygu. Brwydr galed ydoedd.

Ei hedmygedd o'r frwydr ysbrydol honno, yr ymdrech barhaus yn erbyn tlodi, yn anad dim arall, a barodd iddi ymroi i lenydda. Meddai wrth Aneirin Talfan Davies:

> Y peth ydw i'n gredu, 'dach chi'n gweld, ydi ysgrifennu am ddyn yn wynebu bywyd, a bywyd i mi oedd y byd bach yna, os galwch chi o'n fychan.

Yn narlun olaf pennod agoriadol *Y Lôn Wen*, 'Darluniau', cawn wraig o fewn ychydig fisoedd i oed yr addewid yn ail-fyw gwewyr yr eneth bymtheg oed:

> Yr wyf yn peidio â bod yn blentyn ac yn dechrau mynd yn ddynes. Mae'n deimlad ofnadwy fod unrhyw beth yn peidio â bod am byth.

Dyma beth yw tristwch; yr anallu i frwydro; y 'teimlad ofnadwy' o fod yn gwbl ddiymadferth.

Yr un wraig a ysgrifennodd yn ei dyddiadur ar Ionawr y trydydd, 1982:

> 36 mlynedd i heddiw y bu Morris farw. Ymddengys fel ddoe. A mae ei deulu i gyd wedi mynd erbyn hyn. A dyma finnau yn da i ddim yn fan'ma.

Yr un yw gofid yr anallu i frwydro; y rheidrwydd a'r orfodaeth o orfod ildio i ormes amser.

Mewn nodiadau darlith, 'Plentyn Mewn Storïau', mae

Kate Roberts yn cyfeirio at y bobl sy'n edrych yn ôl ar eu plentyndod ac yn sôn am ei hapusrwydd:

> Ond mewn gwirionedd, byd tywyll yw byd plentyn. Mae pob dim yn newydd ac yn ddieithr iddo; edrych allan trwy ffenestri duon y mae, a theimlo ei ffordd. Nid yw plentyn yn sylweddoli fod ei ffenestri tua'r gwyll. Pobl mewn oed sy'n sylweddoli hynny: y ffaith nad yw'n sylweddoli sy'n ei wneud yn hapus ac yn fentrus.

Yn y stori 'Dwy Ffrind' (*Gobaith a Storïau Eraill*) mae Morfudd, sy'n adrodd y stori, a'i ffrind Nanw, yn gwylio plant yn chware hoci yn y cae:

> 'Mae hi'n braf ar y plant acw,' meddwn i, gan ddal i syllu drwy'r ffenestr.
> 'Pam?'
> 'Wel, am eu bod nhw'n blant, am wn i.'
> 'Lol i gyd. Mae pawb yn meddwl bod pob plentyn yn hapus, dim ond am ei fod o'n blentyn.'
> 'Mi goelia i *fod* y rhan fwya ohonyn' nhw.'
> 'Dim o angenrheidrwydd. Amser cas, creulon ydi o, fydda i'n meddwl, yn enwedig i blentyn a chanddo bersonoliaeth. Ac os oes personoliaeth gan y rhieni, dyna iti wrthdrawiad a chlewtan.'
> 'Mae'n rhaid nad oedd gen i 'run bersonoliaeth felly.'
> 'Ond mi ddweda' i un peth iti, Morfudd, 'rydw i'n teimlo'r dyddiau yma, er gwaetha'r holl siarad meddal am blentyndod, mai dyna'r unig beth sefydlog yn fy mywyd i . . . dyna'r unig adeg ar fy mywyd pan mai fi oeddwn i. Cofia, 'does arna'i ddim hiraeth ar ei ôl.'

Cyhoeddodd Kate Roberts ei hail gyfrol, *Deian a Loli*, yn 1927. Disgrifiodd Ifan ab Owen Edwards y gyfrol yn ei adolygiad yn *Cymru* fel 'llyfr bach deniadol iawn a swynol mewn llawer ffordd . . . Y mae'r straeon yn swynol yn eu symlrwydd, a bydd y llyfr hwn o fendith i ysgolion.'

Cyfeiriodd Gwenda Gruffydd yn ei hadolygiad hithau at y stori fel 'hanes swynol' (*Y Llenor*, 1927).

Mae'r ansoddair yn taro'n ddieithr ar glustiau'r rhai sy'n gyfarwydd â'r gweithiau. Ychydig o ofod a roddodd y beirniaid i'r gyfrol hon gan dybio, efallai, ei bod, yn ei symlrwydd, islaw eu sylw. Y cam mwyaf naturiol i'w gymryd o'r *Lôn Wen*, fodd bynnag, yw'r un yn ôl i fyd *Deian a Loli*. Clywn yn y naill adleisiau mynych o'r llall, ac fe'u clywn eto, dro ar ôl tro, yn y storïau a'r nofelau. Wrth gyfeirio at Ivy Compton Burnett, mewn llythyr at

Saunders Lewis yn 1964, dywed Kate Roberts ei bod, 'yn rhyfeddod ac yn wrthddywediad i'r "beirniaid" yna sy'n dilorni'r llathen sgwâr. Mae hi'n gallu dal i 'sgrifennu am y gegin a'r parlwr yn yr un math o dŷ bob tro, a dweud rhywbeth newydd ymhob nofel.'

Mae Saunders Lewis yntau'n holi yn ei erthygl 'Celfyddyd Miss Kate Roberts' (*Y Faner*, 3 Gorffennaf, 1924):

Pa nofelydd arall sy'n elwa mor dlws ar gegin a pharlwr?

Yn yr un llythyr, cawn Kate Roberts yn condemnio'r 'bobl ddi-weld' a haerai fod ei byd yn gul ac yn eu cystwyo ymhellach drwy ddweud:

Nhw sydd yn gul, ac fel y dywedais yn y stori 'Penderfynu' y teledu sy'n cyfyngu ar welediad pobl.

Nid oedd ganddi deledu ei hun. Cafodd gynnig dwy set yn anrhegion, a'u gwrthod, gan haeru nad oedd, yn ôl tystiolaeth eraill, raglenni a oedd yn ddigon da i wastraffu amser yn eu gwylio. Ond pan arhosai yn nhŷ ambell gyfaill, tasg anodd oedd ei chael i adael y teledu a mynd i'r gwely.

Cyfrol o storïau am blant, nid i blant, yw *Deian a Loli*, er bod yr awdures, mae'n amlwg, wedi eu bwriadu ar gyfer plant. Mae'n eu cyfarch gyda'i 'fe wyddoch i gyd' ac 'anghofiais ddweud hynny wrthych o'r blaen' ac yn egluro'n fanwl beth yw traddodiad. Bu'n darllen y storïau gydag un o'i dosbarthiadau gan ymhyfrydu yn y ffaith i'r plant eu mwynhau yn fawr. Er hynny, dewisodd roi 'Stori am blant' yn is-deitl i'r gyfrol.

Cynghorodd Saunders Lewis hi i beidio ag ysgrifennu dim mwy i blant gan nad dyna'i gwir elfen a chytunodd hithau â'i farn. Credai ef y byddai'r gyfrol, oherwydd 'neilltuolrwydd arddull', yn fwy diddorol i rai fel ef nag i blant.

Ceir yr un amwysedd mewn perthynas i'r dilyniant, *Laura Jones*. Mewn troednodiad yn y gyfrol honno, dywed i'r awdur droi'r llythyrau i Gymraeg llyfr a chywiro'r gwallau 'rhag i blant eraill wneuthur yr un camgymeriadau wrth ysgrifennu.' Ond pan soniodd W. J. Gruffydd wrthi

17

ei fod yn awyddus i ysgrifennu am *Laura Jones* ac am *Y Doctor Bach,* Tegla Davies, 'a dweud fel y mae awduron heddiw yn troi i 'sgrifennu llyfrau i blant' meddai:

> Os llyfr(au) i blant y gellir eu galw. Llyfr am rai hŷn na phlant yw f'un i.

Penderfynodd Iorwerth Peate, yn ei adolygiad ar *Laura Jones* yn *Y Llenor*, 1931, alw'r gyfrol yn llyfr i blant ysgol oherwydd y nodiadau ar y diwedd a wnâi iddo ymddangos fel pe wedi ei fwriadu ar gyfer arholiadau'r Bwrdd Canol. Bu'n llym ei gondemniad ohono:

> Rhaid i mi gyfaddef nad yw Miss Roberts yn ymddangos ar ei gorau, a hynny o bell ffordd, yn y gwaith hwn . . . A defnyddio ffigur o eiddo Max Plowman, yr hyn a geir yn *Laura Jones* yw awdur *O Gors y Bryniau* a *Rhigolau Bywyd* ar y gramaffon, ac y mae'r nodwydd yn crafu'n od ambell dro.

Yn *Y Tyst*, 1931, daeth nofel Saunders Lewis, *Monica*, o dan lach yr un beirniad a chawn ymateb yr awduron i'r feirniadaeth yn eu llythyrau. Ymateb Kate Roberts yw'r un ffyrnicaf a'r mwyaf coeglyd. Byddai'n ei gyfrif yn ddirmyg, meddai, petai Iorwerth Peate wedi canmol y gyfrol:

> Y jôc fawr yn y tŷ hwn er neithiwr ydyw bod Peate, Peate o bawb yn sôn am ddiffyg synnwyr digrifwch. Mae'r peth yn ddigon i wneud i gathod chwerthin. Ond i beth y gwastraffaf amser i sôn am bobl drydydd radd eu hymennydd. (*Annwyl Kate, Annwyl Saunders*).

Plant y cof yw plant Kate Roberts; plant y rhaid a'r paid, defaid gwynion y gorlan a ymgasglai wrth dân a bwrdd, o'u cyferbynnu â'r 'defaid duon' o blant a welai ym mhobman yn 1947 'a'r gair cartref yn golygu dim iddynt.' ('Rhoi Plant Mewn Cratsh': *Y Faner*)

Llwyddodd i raddau helaeth i edrych ar fywyd trwy lygaid y plant ond, fel y cyfaddefai ei hun, peth anodd yw i un mewn oed wneud hynny. Ymollwng i'r teimlad a wna'r plentyn, heb holi 'Pam?'. Tuedd y rhai hŷn yw ceisio dadansoddi'r teimlad a cheisio ateb i'r 'Pam?'

O ystyried y ffactorau a roddodd fod i'r gyfrol *Deian a Loli*, mae'n arwyddocaol iawn iddi gynnwys y gair 'dianc' yn nheitlau'r ddwy stori gyntaf ac mai 'Y Groesffordd a'r Gwahanu' yw teitl y stori olaf.

Â'r dianc â Deian a Loli i lan y môr ac i'r mynydd, pethau y gwelai'r ddau ddigon ohonynt bob dydd, ac 'nid pell dim byd y gall plentyn ei weled o'i gartref'. Blinder a'u rhwystrodd rhag cyrraedd copa'r mynydd i gyffwrdd â'r cymylau ond ofn y 'byth' annherfynol a gadwai Loli'n effro'r nos fel y byddai meddwl bod tragwyddoldeb mor hir yn peri i Kate fach Cae'r Gors grio yn ei gwely.

Cof o'r un ofnau sy'n ysu Ann Owen, *Tegwch y Bore*, wrth iddi wynebu arswyd unigrwydd ei heddiw:

> Cofiai am bob math o ofn, yr ofn a fyddai arni yn eneth bach pan fyddai'n methu cysgu, a gweld y tywyllwch fel llen ddu rhyngddi a dodrefn y siamber. Ofn codi i ddweud ei hadnod yn y seiat pan na wyddai hi'n rhy dda, ofn cael curfa ar ôl gwneud drwg.

Ym mrawddegau olaf y gyfrol ceir enghraifft o'r 'neilltuolrwydd arddull' y cyfeiriodd Saunders Lewis ato. Mae'r teulu newydd gael gwybod mai Deian oedd yr unig un o'r ardal i gael ysgoloriaeth i ysgol y sir:

> Ni ddangosodd neb lawer o lawenydd ym Mwlch y Gwynt o achos Loli. Gwyddent pa mor agos i'r wyneb y cadwai hi ei dagrau. Fe ddywedodd Elin Jôs un peth chwithig iawn:
> 'Wel, 'does dim i 'neud ond i Loli fynd i weini at Magi i Lundain,' ebe hi. Ond yr oedd cryndod yn ei llais wrth ei ddywedyd.
> 'Tydw i ddim am fynd i'r ysgol ganolraddol,' ebe Deian.
> 'Mae'n rhaid iti fynd,' ebe Loli.
> A sylweddolodd Loli am y tro cyntaf na ellid eu galw yn 'Deian a Loli' ar yr un gwynt am lawer o amser eto.

Trwy gyfrwng ymateb y fam a'r ddau blentyn a'r defnydd cynnil-awgrymog o eiriau fel 'chwithig', 'cryndod' a 'rhaid', llwyddodd Kate Roberts i gyfleu gwewyr rheidrwydd y gwahanu a'r 'teimlad ofnadwy bod rhywbeth yn peidio â bod am byth.'

Yn y gyfrol *Te yn y Grug*, rhydd Begw dafod i'r 'Biti ynte?' 'Dieithrio', yn hytrach na gwahanu, yw teitl y stori hon ond yr un yw'r gwewyr. Yma, cawn ymateb Begw i'r Winni sydd wedi 'sobreiddio drwyddi' ar ôl mynd i'r dref i weini:

> 'Mi ddalia i am bennog fod Winni yn licio bod yn giari-dym yn

well na bod yn ledi.'
'Ydi ella rŵan, ond fydd hi ddim ryw ddiwrnod.'
'Biti ynte mam?'
'Biti be?'
'Piti bod yn rhaid ein newid ni.'

Wrth bendroni ynglŷn â Winni, mae Begw'n cofio i'w mam ddweud y byddai'n rhaid iddi hithau sefyll ar ei sodlau ei hun ryw ddiwrnod:

Teimlai'n oer ac yn unig a symudodd ei chadair at ymyl ei mam i swatio wrth y tân.

Cri Loli yn *Laura Jones*, wedi iddi gael ei chyflogi fel morwyn fach a'i mam yn paratoi i laesu ei ffrogiau yw:

'Does arna i ddim o'i heisio nhw'n llaes.'
'Wel oes,' ebe'i mam, 'mi fyddi'n ddynas gyda hyn.'
'Does arna i ddim eisio bod yn ddynas,' ebe Loli.

Yn bymtheg oed, mae Kate yn ceisio dysgu'r *Hyfforddwr* ar gyfer cael ei derbyn:

Mae cyfrannu o'r Cymun cyntaf yn pwyso arnaf. Yr wyf yn mynd i fyd newydd, byd difrif, di-chwarae . . . Bydd fy sgert yn is a'm gwallt yn uwch ar fy mhen. (*Y Lôn Wen*)

Yr un yw profiad Bobi, brawd Ann Owen:

Yr oedd y derbyn hwn yn fwy na derbyn yn gyflawn aelodau. Yr oedd yn dderbyn i gymdeithas rhai hŷn, yn droi cefn ar blentyndod ac ar ddiniweidrwydd.

Ddwy flynedd yn ddiweddarach, daw ias o dristwch dros Ann wrth weld Bobi yn ei ddillad milwr:

Yr oedd arni hi eisiau iddo fod yn hogyn o hyd, yn hogyn trywsus pen glin.

Ceir adlais pellach o ofn a gwewyr merch Cae'r Gors yn llythyr Ann at ei ffrind, Dora:

Pan godais fy ngwallt a dechrau gwisgo sgert laes (ac mi'r oedd hynny yn newid go fawr i hogan ysgol) mi wyddwn fod fy ngwegil yn oer a'm meilyngau yn gynnes. Ond mae gennyf syniad y byddaf yn oer drosof i gyd wrth ddechrau ennill fy nhamaid. (*Tegwch y Bore*)

Rhydd Rhys Ffennig, yntau, dafod i'r 'Biti ynte?' a'r 'ddim eisio' yn *Y Byw sy'n Cysgu*. Wedi i'w dad eu gadael am ddynes arall mae Rhys yn ysu am gael bod yn ddigon hen i rannu poen ei fam. Pan ddywed hi wrtho nad yw'n llawn digon hen i ddeall pob dim, mae'n holi:

'Pryd bydda i?'
'O, 'd wn i ddim. Erbyn hynny mi fyddwn i gyd wedi anghofio amdano fo, a mi fyddi dithau yn meddwl am rywun arall.'
'Am bwy?'
'Am ryw hogan,' ebe'r fam dan chwerthin.
'Wel na wna wir. Hen gnafon ydi genod.'
'Mi fu dy fam yn hogan unwaith.'
'Fel hyn yr ydw i yn ych leicio chi.'
'Ond cha i ddim bod fel hyn am byth.'
'Biti ynte?'
''D wn i ddim. Mae arnom ni eisio i'r hen amser cas yma fynd heibio ond 'd oes?'
'Oes wir.'
'Mi fydda i wedi newid. Mi fyddi dithau wedi mynd yn hogyn mawr, yn ddyn ifanc, a fydd dim byd yr un fath.'
'Biti hynny hefyd ynte mam?'
'Wel ia. Ond fel'na mae rhai iddi fod.'

Sylwer mai'r gair 'rhaid' yw'r un allweddol ym mhob un o'r rhannau hyn. Mae'n rhaid i Winni a Loli feddwl am eu byw, fel pawb arall; i Begw sefyll ar ei sodlau ei hun ryw ddiwrnod; i Deian fynd ymlaen â'i addysg er mwyn osgoi'r chwarel; i Ann a Bobi a Kate Cae'r Gors 'gymryd pethau o ddifrif'. Nid yw'n bosibl ymladd y rhaid hwn, ond daw i'r plentyn esmwythâd dros dro mewn dagrau neu wrth ddianc o hunllef bywyd i realiti'r freuddwyd.

Perthyn profiadau Loli a Begw a Kate i'r un byd. Rhannant gynhesrwydd diogel yr un tân, blas pethau da mis Medi a rhyddid yr un mynydd. Mae eu dagrau yr un mor agos i'r wyneb a'r un ofnau sy'n cyfarth wrth eu sodlau.

Cryfder y gyfrol yw dawn ryfeddol Kate Roberts i allu gweld y byd trwy lygaid plant y dychymyg rhydd a'r cyrff caeth. Ond er gloywed y ddawn honno ni allodd ymatal rhag gadael i'w phrofiad chwerw hi o fywyd ymyrryd â'i gwaith, fel yn y stori 'Gofid' pan mae Begw, wedi peth petruso, yn ufuddhau i orchymyn ei mam i ddod i mewn i'r tŷ o'r oerni:

Caeodd y drws a thu ôl i'w dywyllwch y teimlodd bang cyntaf y cau drysau a fu yn ei bywyd wedyn.

Creadigaeth y dychymyg yw Winni Ffinni Hadog a'i chartref ond mae'n bosibl mai'r eneth â'r geg gam a wnâi iddi edrych yn herfeiddiol, yr un a adwaenai Kate unwaith, a roddodd fod iddi. Ond tybed nad oes yn Winni, hefyd, rai o nodweddion hogan fach Cae'r Gors? Meddai amdani:

> Tybiais am unwaith y mynnwn blentyn yn gwrthryfela yn erbyn ei amgylchfyd, ac yn llwyddo.

O'u cymharu â Winni mae Loli a Begw yn sobor o ddiniwed ac ofnus ond, o dro i dro, gellir gweld eu gwefusau hwythau'n tynhau a'u dyrnau'n gwasgu. Yn *Deian a Loli*, y ferch, Loli, sy'n herio, a'i brawd yn ei dilyn. Ond yn wahanol i Winni, y mae gan Loli gartref sefydlog a mam sy'n gallu setlo pawb.

Mae tynfa Begw at Winni, yn hytrach nag at Mair, merch y gweinidog, a hynny'n bennaf oherwydd ei bod yn rhoi tafod i'r hyn sy'n mud-gorddi ynddi hi ac yn camu'n herfeiddiol i'r mannau lle'r hoffai hithau roi ei throed pe meiddiai.

Mae Ann Owen, hithau, yn teimlo tynfa tuag at Mrs. Huws, gwraig y gweinidog:

> Mae'n debyg mai am ei bod yn wahanol yr oedd yn ei swyno, a bod y gwahaniaeth hwnnw yn digwydd ymateb i'r hyn yr hoffasai Ann ei hun allu ei feddwl a'i ddweud. Yr oedd syniadau Mrs. Huws fel petaent yn dyfod oddi wrth hanner arall ei phersonoliaeth hi ei hun, ei hanner anymwybodol. (*Tegwch y Bore*)

'Anymwybodol'? Tybed?

Wrth ymdrin â 'Llenorion a Bohemiaeth' yn *Y Faner*, geilw Kate Roberts y bohemiaid hyn yn 'giari-dyms llenyddol'. Meddai:

> Gallaf ddeall hefyd y teimlad o eisiau bod yn wahanol wrth weld ambell un wedi ei startsio mewn parchusrwydd yn ei sêt ar ddydd Sul, pleten ei drywsus yn berffaith, coler ei blows yn hollol yn ei lle, ei hesgidiau i'r hanner modfedd priodol oddi wrth y llawr, ei menyg yn matsio ei het, rhesen ei wallt o fewn y filfed ran o fodfedd i'w lle. Y pryd hynny, wrth deimlo dipyn o amherffeithrwydd, byddaf yn dyheu am fod yn gwbl amherffaith a rhoi sioc i'r bobl yma.
> Cofier fe all y ciari-dym fod yn flinder hollol i gymdeithas. Digon

hawdd inni guddio rhyw edmygedd yn ein calonnau o'r ciari-dym,
a dweud: 'Fel yna yr hoffwn i fyw, petawn i'n meiddio.'

Yn ôl mam Begw, 'pobol amharchus' yw ciari-dyms,
ond ni chredai hi fod Winni'n un ohonynt. Meddai:

Mae'r hogan yn iawn, tasa hi'n cael chwarae teg . . . Mae Winni yn
llawar hŷn na'i hoed. Ond digon hawdd inni siarad. Fuo hi 'rioed
yn blentyn mae'n amlwg.

Dywedwyd am Winni Ffinni Hadog ei bod yn un o
greadigaethau mwyaf disglair Kate Roberts. Hi, hefyd, yw
un o'r cymeriadau mwyaf cymhleth, fel y gellid ei
ddisgwyl mewn un na chafodd erioed gyfle i fod yn
blentyn. Daw personoliaeth ddyblyg y Winni hon i'r
amlwg, dro ar ôl tro. Mae ei dagrau anaml hi yn llawer
halltach na dagrau parod Begw. Bu, ar un adeg, 'yn
gweddïo fel diawl' ar i Iesu Grist fendio ei mam a gall gofio
amser pan fyddai'r fam honno'n ei chadw'n lân, yn ei
chario i'r gwely rhag iddi oeri'i thraed 'ac yn gysgod iddi
rhag unrhyw ddyrnod.' Cafodd Winni brofi peth o flas yr
unig fyd y gŵyr Begw amdano. Cof plentyn, mewn un nad
yw fawr hŷn na phlentyn, am y byw hwnnw sy'n ysgogi'r
tynerwch tuag at Sionyn, y feirniadaeth lem ar ei
hamgylchfyd a'r ysfa i fynd i weini i Lundain, lle na fyddai
neb yn gwybod ei bod yn ferch i Twm Ffinni Hadog.
'Lembo' a 'slebog' yw ei thad a'i llysfam i Winni, ond
mae'n ei chyfri ei hun cystal â'r crachod sy'n troi eu
trwynau arni ac ni fuasai'n 'sbio drwy gwilsyn' ar rai
ohonynt.

Cyhoeddwyd *Deian a Loli* yn 1927 a *Te yn y Grug* yn
1959, ond blwyddyn yn unig a fu rhwng cyhoeddi storïau
Begw a Winni a'r 'darn hunangofiant'. O'r holl gyfrolau a
ysgrifennodd, *Te yn y Grug* a roddodd y mwynhad mwyaf
iddi. Credai bod ei Chymraeg yn well a'i phlant yn fwy
annwyl. Yn ddeg a phedwar ugain, meddai mewn ateb i
Myrfyn Davies ar *Helo Bobol*, pan ofynodd pa un o'i
chyfrolau a roesai'r pleser mwyaf iddi:

Te yn y Grug, am ei fod o'n haws 'i sgwennu na dim un a 'dw i'n
medru'i fwynhau o rŵan. 'D ydw i'm yn medru mwynhau'r llyfra
er'ill 'dw i 'di sgwennu.

Storïau a ddaeth o'i hisymwybod oeddynt, meddai, ac mae'n ddiddorol sylwi mai i'r hyn y cyfeirir ato fel 'ail gyfnod' Kate Roberts fel llenor y perthyn y gyfrol. Tybed nad yw'r rhaniad hwn yn un rhy gyfleus? Yn sicr, mae'r ddau gyfnod yn gor-gyffwrdd a'r ail yn cynnwys, nid yn unig y cyfrolau y soniwyd amdanynt eisoes, ond *Tegwch y Bore* ac amryw o storïau byrion congl bach y Bywyd.

Er mai camgymeriad yw honni mai math o atodiad atgofus i'r *Lôn Wen* yw *Te yn y Grug*, rhoddodd y storïau hyn gyfle i'r awdures feiddio gwneud yr hyn yr ofnai ei wneud yn yr hunangofiant:

> A ddywedais i'r gwir? Naddo. Fe'm cysurais fy hun ei bod yn amhosibl dweud y gwir mewn hunangofiant. Gadewais y pethau anhyfryd allan. Yr oedd yn fy hen ardal bethau cas, yr oedd yno bethau drwg, yr oedd yno bobl annymunol.

Creadigaeth y dychymyg, nid hunangofiant, yw *Te yn y Grug*. Ceir yma feirniadaeth uniongyrchol ar rai o'r elfennau anhyfryd. Lladmerydd y sylwadau hyn yw Winni. Hi sy'n dweud y plaendra, ac oherwydd mai hi sydd yn dweud nid yw'r feirniadaeth yn gadael blas drwg yng ngenau rhywun fel y mae'r condemniad o'r gymdeithas fach drefol mewn storïau fel 'Yr Enaid Clwyfus' a 'Blodau' (*Prynu Dol*). Mae'n llawer haws derbyn 'ledi wên deg' Winni, a'i 'cheg hi'n rhy wastad i siarad' na surni Gwen Huws, a deimlai y gallai 'gasáu pobl hyd at wasgu'r bywyd allan ohonyn nhw'. Crio a wna Begw o gael ei chwipio gan Winni ond mae wrth ei bodd yn ei chlywed yn galw pobl yn grachod. Mae'r elfen o hwyl sy'n y gor-ddweud yn lliniaru brath y colyn.

Er i Winni gyfnewid rhyddid y mynydd am gaethiwed y seler yn y dref a bod treialon bywyd yn dechrau cau amdani, mae 'llecyn golau' cegin Elin Gruffydd yn ail-ennyn co'r plentyn o rannu te a brechdan grasu efo'i mam wrth dân ar fore dydd Nadolig. Rhydd hyn hyder iddi edrych ymlaen i'r dyfodol. Gyda chymorth teulu Begw, sy'n cynrychioli rhinweddau'r gymdeithas wledig, mae Winni'n llwyddo'n ei gwrthryfel, i'r graddau y mae hynny'n bosibl. Yn bwysicach fyth, mae'n dal yn ddigon o blentyn i allu breuddwydio heb gysgu. Un o drasiedïau mwyaf y 'biti ynte?' yw colli'r gallu hwnnw i obeithio bod rhywbeth gwell i ddod. Rhaid i'r rhai hŷn chwilio allan eu hiachawdwriaeth eu hunain a hynny, gan amlaf, ar ôl cyffwrdd y gwaelod. Y mae gwahaniaeth mawr, fodd bynnag, rhwng y frwydr allanol o fewn terfynau a brwydr fewnol yr un a dorrwyd oddi wrth ei wreiddiau.

Plant y wlad a geir yn y nofel *Traed mewn Cyffion*, hefyd, er bod cyfnod y plentyndod wedi'i gywasgu, rhag ail-adrodd mae'n debyg, a hynny mewn arddull Feiblaidd, foel:

> Ymhen ychydig fisoedd wedi i Ifan ail-ddechrau gweithio, ganed eu trydydd plentyn a galwyd ef yn Wiliam, ac ymhen dwy flynedd wedyn ganed mab arall iddynt a galwyd ef yn Owen.

Mae Owen, fel Deian, yn ennill ysgoloriaeth i'r Ysgol Sir. Fel yn achos Deian, ni ddangosodd neb lawer o lawenydd yn ei gartref, ond nid am yr un rheswm. Er mai'r un oedd yr amgylchiadau yn y ddau gartref ni cheir sôn yn *Deian a Loli* am y broblem ariannol y mae plant y Ffridd Felen, yn arbennig Owen, yn ymwybodol iawn ohoni. Mae ef yn cysylltu'r olwg drist sydd ar ei fam 'â'r ffaith nad oedd ganddi ddigon o bres i gael bwyd'. Ac yntau wedi ennill swllt a cheiniog yn y cyfarfod plant mae'r fam yn gofyn iddo:

> 'Wyt ti ddim am roi'r arian i dy fam?'
> 'Nag ydw,' meddai Owen ar ei ben. Edrychodd y fam ar y tad, a'r tad ar Owen, mewn dull a awgrymai fod yr olaf wedi pechu yn erbyn yr Hollalluog.
> 'Dyro nhw i dy fam, heb ddim lol,' meddai ei dad. 'Mae digon o'u heisio nhw i brynu bwyd iti.'
> 'Mae arna i eisio prynu copi, a rybar, a phensel efo nhw,' meddai Owen.
> 'Mae'n bwysicach iti gael bwyd na phethau felly,' meddai ei fam.
> Taflodd Owen yr arian ar y bwrdd mewn tymer, a chafodd glustan gan ei fam. Torrodd yntau allan i feichio crio, a than grio yr aeth i'w wely.

Siomedigaethau o fath gwahanol sy'n procio dagrau Begw ac nid oes reidrwydd arni hi i ddadansoddi'r achos. Gorfodir Owen i sylweddoli'r ymdrech yn erbyn tlodi, 'ond aneglur iawn oedd pethau, ac aeth i gysgu.'

Ychydig iawn o lawenydd a ddaw i ran plant y Ffridd
Felen ac nid syn hynny o ystyried y sgwrs fer rhwng Owen
a'i fam yn y chweched bennod:

> 'Mam, be fasa pe tasa dim byd?'
> 'Beth wyt ti'n feddwl?'
> 'Be fasa pe tasa 'na *ddim*, dim nacw (gan bwyntio at yr awyr), na
> dim o gwbl, a ninnau ddim chwaith?'
> 'Mi fasa'n braf iawn, 'y machgen i,' oedd ei hunig ateb.

Yr oedd Owen yn ymwybodol na ddangosai neb lawer o
lawenydd yn ei gartref a gofidiai yn ystod y munudau prin
hynny pan fyddai ei fam yn gyfeillgar na allai pethau fod
felly bob amser:

> Yr oedd arno eisiau ei chariad yn gyfangwbl, ond nis câi byth. Câi
> ei charedigrwydd a'i gofal, ond nid ei chariad.

Cof Lora Ffennig am ei mam oedd bod 'dioddef ei
phlant yn ddioddef iddi hi, yn gorfforol bron.'

Yn y cyfweliad teledu, dywed Kate Roberts ei bod wedi
cael ei beirniadu oherwydd iddi sôn gormod am arian yn ei
storïau:

> Nid dyna yn hollol ydi o, ond mae'n rhaid i chi gael arian i fyw, ac
> mi 'roedd o'n boen mawr iddyn nhw.

Ar waethaf yr amgylchiadau, meddai, yr oedd pobl ei
chymdeithas yn bobl lawen a chymwynasgar. Cymwynas-
gar, efallai, ond prin iawn yw'r eiliadau o lawenydd, ymysg
y plant hyd yn oed. Yn ei herthygl 'Dyddiau Plentyndod'
yn *Y Faner* mae'n gofyn:

> A ydyw plentyndod yn amser hapus? A yw unrhyw gyfnod ar ein
> bywyd yn hapus? Onid cymysg yw pob cyfnod? Eto, fe allwn gofio
> rhai cyfnodau pan oedd llai o bethau i'n poeni na'i gilydd.

Onid yw'r dweud negyddol hwn yn beth truenus
ynddo'i hun?

Amheuthun yw cael ambell ddarlun heb ei sgriffio gan
ofn neu siom neu ddigalondid, fel yr un yn *Y Lôn Wen* o'r
ferch saith oed yn magu ei brawd ieuengaf mewn siôl,
darlun y ceir adlewyrchiad ohono ym mhrofiad Ann Owen
Tegwch y Bore:

> Mae fy mrawd bach a minnau'n berffaith dawel ac yn hapus, yn
> gwneud dim ond edrych i lawr ar y môr a sbio o gwmpas a

synfyfyrio . . . Mae gwallt melyn, sidanaidd fy mrawd yn cosi fy nhalcen, ac mor hyfryd yw ei gnawd tyner ar fy moch. Rhydd slap ar fy wyneb mewn afiaith weithiau, a chrycha ei drwyn wrth ddal i edrych ar y byd, y byd nad yw'n ddim ond rhywbeth i edrych arno i fabi a phlentyn saith oed.

Un o ffefrynnau Kate Roberts ymhlith ei storïau oedd 'Dwy Gwningen Fechan', stori gyntaf y gyfrol *Prynu Dol*. Yn hon, mae'r bachgen, Dan, fel y rhai hŷn, yn mynd i waelod gofid cyn profi llawenydd. Pryder ynglŷn â salwch Lob, ei gi, sy'n peri i Dan allu deall ysbryd cerdd I. D. Hooson ac ennill y wobr gyntaf ar adrodd yn eisteddfod Nadolig y capel.

Ar ddiwedd y stori gwelwn Dan, ei fam a'i nain, ar yr aelwyd y noson honno, golygfa gynnil-awgrymog y gellir ei chymharu â'r olygfa ar ddiwedd *Deian a Loli*, a phob cymeriad yn magu ei wynfyd, neu ei drallod, ei hun:

> Y noson honno, o flaen tanllwyth braf o dân, eisteddai Dan yn mwynhau un o'r llyfrau straeon a gawsai yn anrheg a Lob yn gorwedd ar draws ei draed. Dyma beth oedd gwynfyd. Eisteddai ei fam a'i nain o boptu'r tân, gwên foddhaus ar wyneb ei fam, mor wirion yr olwg â Mr. Jones yn y prynhawn ac yn dweud bob hyn a hyn fel larwm cloc na ellid ei atal:
> 'Mi roth Dan gweir iawn i'r Wil yna heddiw. Mi'r oedd o'n wych.'
> A'r nain yn dal i wau heb ddweud dim, a Dan yn diolch yn ei galon i'w nain.

Er bod yr ofnau'n cyfarth wrth sodlau Loli a Begw a bod torri i grio'n ail natur iddynt, ac er bod Winni'n dianc i fyd ffantasi yn niffyg dihangfa arall, mae iddynt feddyliau iach, fel sydd gan eu brodyr a'u ffrindiau, Dan, a phlant y Ffridd Felen.

Dau fach glwyfus yw Rhys a Derith, plant y dref, yn *Y Byw sy'n Cysgu*. Collodd Winni ei mam drwy farwolaeth naturiol, ond eu gadael o ddewis a wnaeth eu tad hwy a hynny yng ngofal mam sy'n rhoi'r pwyslais ar geisio dod o hyd iddi ei hun a chyrraedd cyflwr o dawelwch 'trwy chwys y rhedeg a'r osgoi.'

Ni ellir cyhuddo Lora Ffennig o esgeuluso ei phlant. Yn wir, rhydd lawer mwy o sylw iddynt nag a rydd Jane Gruffydd a'i thebyg i'w plant hwy. Teimlad Loti, sy'n lletya yno, yw fod Rhys yn cael gormod o un math o sylw, ond nid y sylw iawn. Ond er ei gofal ohonynt, nid yw yn eu deall. 'Mor anodd,' meddyliai, 'oedd mynd i feddwl plentyn a gwybod beth oedd ei ddiddordeb a hefyd beth oedd orau iddo!' Mae'n ysgrifennu am Derith yn ei ddyddiadur:

> Mae hi'n blentyn anodd ei deall, mae hi fel sliwen yn llithro trwy ddwylo rhywun. Ambell funud yr wyf yn meddwl nad yw hi ddim yn gall, efo'r wên ddi-ystyr yna sydd ar ei hwyneb. (*Y Byw Sy'n Cysgu*)

Sylw digon rhyfedd i fam ei wneud am ei phlentyn!

Mae'n anodd cymryd at Derith, er mai plentyn ifanc iawn ydyw. Mae'n amlwg nad oedd yr awdures ei hun yn hoff ohoni, mwy na'i mam. Nid ar ddamwain y bu iddi alw hogyn ei fam, a'i dynfa at y wlad, wrth enw cyfarwydd, a dewis yr enw Derith i'r ferch, sydd wedi etifeddu dwylo blewog a chyfrwystra'i thad ac yn hapusach ar balmant nag ar fynydd.

Cawn ei ffrind, Linor, nad yw'n fam ei hun, yn ysgrifennu mewn llythyr ati:

> Paid â phoeni gormod ynghylch Derith . . . Mae plant, a phlant ifanc iawn, yn medru bod yn gyfrwys.
> Druan o Rys! 'D wn i ddim beth a wna'i wella fo. Mae'n ymddangos fel petai ei boen meddwl wedi rhoi'r boen yn ei stumog. Rhaid iddo gael gwared o'i dad oddi ar ei feddwl gyntaf, a'i ddiddyfnu oddi wrthyt tithau hefyd. Yr wyf fi'n credu fod llawer o blant ryw bum mlyedd yn hŷn na'u hoed, ac efallai mai'r hyn a rydd hwb i Rys i sefyll ar ei wadnau ei hun fydd dy weld ti yn byw bywyd rhydd ar dy ben dy hun.

Mae hogyn ei fam yn brifo drosto wrth geisio rhannu'i phoenau. ''Dydach chi byth yn chwerthin,' meddai wrthi. Ni fynnai, ac ni allai Jane Gruffydd a'i thebyg ymollwng fel y gwnaeth Lora i fwrw'u gofidiau ar eu plant, er iddi hithau geisio ymatal rhag mynd yn rhy bell. Ar un llaw, mae'n disgwyl i Rhys allu deall, ond meddai wrth Aleth Meurig pan ddywed fod Rhys yn teimlo pob peth i'r byw 'run fath â'i fam':

> 'Naci wir, yr un fath â phlentyn.'

Trannoeth i ymadawiad Iolo Ffennig, mae Mr. Jones, y gweinidog, yn galw'n y tŷ ac yn dweud, wrth geisio'i chysuro:

> 'Mae'n debyg fod llawer o bobl wedi dweud wrthoch chi am ymwroli er mwyn y plant.'
> 'Ddwedodd neb ddim arall ddoe.'
> 'Mae lot o wir mewn ystrydebau wyddoch chi.'
> 'Oes, gwaetha'r modd. Ond pan mae rhywun yn clywed peth fel yna o hyd ac o hyd, mae creadur yn mynd i feddwl pa un ai'r plant ynte fo'i hun sydd wedi cael cnoc.'

Ei chnoc ei hun sy'n bwysig i Lora Ffennig ac fe'i cawn yn sianelu ei nerth i geisio ymgodymu â'r gnoc honno. Ar un adeg, mae'n ei thwyllo ei hun y gallai ymladd dros Derith, wedi i honno gael ei dal yn dwyn yn yr ysgol, ond nid yw fawr o dro cyn bwrw'r broblem o'r neilltu.

Efallai mai peth prin yw llawenydd plant y wlad, ond y mae'n haws iddynt hwy ymdopi â'r frwydr weladwy yn erbyn tlodi nag ydyw i un fel Rhys geisio ymdopi â brwydr fewnol mam sy'n credu mai 'lol ydyw bywyd' ac mai brebwl a fu dyn erioed ac a fydd am byth. Ac eto, onid yn y nofel *Traed Mewn Cyffion* y ceir y sylw mwyaf dirdynnol-greulon o'r cyfan, a hynny mewn ateb i gwestiwn plentyn ifanc:

> 'Be fase pe tase 'na *ddim*, dim nacw, na dim o gwbl, a ninnau ddim chwaith?'
> 'Mi fasa'n braf iawn, 'y machgen i.'

Yn y cyfweliad teledu, dywed Kate Roberts ei bod yn meddwl iddi fod yn greulon na fyddai wedi cydymdeimlo mwy gyda'i rhieni:

> Yn lle hynny, 'roeddwn i'n cael bywyd hapus braf. Cael mynd i'r ysgol i Gaernarfon, cael mynd i'r coleg, a hwythau'n gweithio'n galed. Mi fuo hynny'n fy mhoeni i hyd y dydd heddiw.

Mynegi'r un euogrwydd a wna Ann Owen yn ei phryder am Bobi, ei brawd, yn ei llythyr at Dora:

> Mi fûm i am dair blynedd yn y coleg, yn byw mewn hawddfyd, yn cael bwyd da, heb boeni am ddim, ac wedi fy nghau oddi wrth anhapusrwydd pawb arall.

Adleisir hyn yn ateb Kate Roberts i Myrfyn Davies ar *Helo Bobol* yn 1981 mai cyfnod y coleg oedd un hapusaf ei bywyd a'r un yr hoffai ei ail-fyw.

Rhoddodd beth o ofid yr euogrwydd hwnnw ar

ysgwyddau Owen yn *Traed Mewn Cyffion* a datblygu'r poen meddwl yn boen corfforol yn achos Rhys, er mai pwysau o fath arall sy'n ennyn ei gydymdeimlad ef â'i fam.

Rhyddhad yw cael cipolwg yn *Y Byw Sy'n Cysgu* ar Now Bach, yr anwylaf o greadigaethau Kate Roberts, a chlywed adlais gwan o Winni yn Margiad, gyda'i cheg fawr a'i gwallt yn gynhinion o gwmpas ei phen. Cawn ein hatgoffa o ddisgrifiad lliwgar Winni o fynd i Lundain i weini wrth glywed Margiad yn rhestru rhinweddau glan y môr dros yr afon er mwyn lliniaru siom Derith:

> Cyn basat ti wedi bod ym Mangor ddeng munud, mi fasat wedi cael clyma gwithig yn dy goesa, cur yn dy ben, swigod ar dy draed, poen yn dy stumog, ac mi fasa'n rhaid dy gario di adra ar stretshar.

Ond daw gofid salwch ei dad i gymylu wyneb Now Bach, hefyd, ac i beri i Margiad wynebu cyfrifoldebau y 'biti ynte?'

Os yw bywyd yn greulon wrth blentyn, mae amryw o'r plant, wedi iddynt groesi ffin y 'biti ynte?' a sefyll ar eu sodlau eu hunain, yn gallu bod yn greulon a hunanol ac anniolchgar. Llwydda rhai ohonynt i dorri'r cwlwm a dilyn eu mympwy eu hunain. Ni all y mamau fyth eu rhyddhau eu hunain o'u pryder a'u gofal amdanynt, fodd bynnag, ac ni all plant y gilfach fyth dorri'n rhydd oddi wrthynt hwythau.

O dan bwysau gormes amser, mae'r 'ddim eisio' yn troi'n ffaith a'r 'biti' yn cael ei wireddu. Gorfodir y merched bach i wynebu poenau llawer mwy ysgytiol na chodi gwallt a llaesu gwisg. Er na chawn ddilyn hynt Loli, Begw a Winni, fe'u gwelwn, dro ar ôl tro, yng ngwragedd a mamau'r storïau a'r egin gwrthryfel a fu'n cyniwair ynddynt wedi hen wywo yn nhir crintach eu byw. Fe'u bedyddir ag enwau eraill — Beti, Jane, Meri — ond yr un yw'r dadrithiad, a bywyd yn ddim ond 'pentwr mawr undonog' o waith.

Yn wahanol iddynt hwy, ni fu'n rhaid i Kate fach Cae'r Gors fynd i weini ar eraill. Cafodd ei breintio â gallu a aeth â hi i ysgol a choleg ac o goleg yn ôl i ystafell ddosbarth. Golygai'r addysg a gafodd a'r dorau a agorai hwnnw'n ei sgîl nad oedd modd iddi, fyth wedyn, fod yn rhan o'i chymdeithas. Yn niffyg hynny, glynodd fel y gelen wrth y byd y ganed hi iddo ac y magwyd hi ynddo; yr un yr oedd yn rhan fywiol ohono. Y cyfnod rhwng 1891 ac 1904, a'r gorffennol a oedd ynghlwm wrtho, yw cefndir rhan helaeth o'i gwaith a chyfyngir proses y tyfu i fyny, caru, priodi a magu plant, rhwng ei ffiniau.

I'r ychydig sy'n croesi'r ffin, daw elfennau estron i fygwth y broses hon. Yn hytrach nag edrych allan, o fewn eu libart cyfyng, try'r gwragedd a ddiwreiddiwyd eu golygon i mewn, i geisio dadansoddi eu teimladau a'u cymhellion ac i chwilio am ateb i sawl 'Pam?' Unigolion ydynt, o'u cyferbynnu â'r fatriarch a dderbyniai fywyd am yr hyn ydoedd heb wneud dim yn erbyn achos ei dioddef. Y mae'r piti, y rheidrwydd a'r ofnau, fodd bynnag, yn gyffredin iddynt oll a'u heiliadau o hapusrwydd yr un mor brin.

3

OFN 'NABOD

Meddai Margiad, ei nith dair ar ddeg oed, wrth Lora Ffennig:

> Mae o'n amser digalon pan ydach chi'n dechrau bod yn ferch ifanc, yn tydi Anti Lora. (*Y Byw Sy'n Cysgu*)

Cawsai Margiad ei siomi yn y bachgen ysgol y rhoesai ei bryd arno, o'i weld yng nghwmni geneth arall. Yn y stori 'Torri Trwy'r Cefndir' (*Gobaith*) mae Ela, ar ôl i Tom ei chariad ei gadael am ei chyd-athrawes, yn teimlo fel petai wedi 'colli rhywbeth gwerthfawr' a bu'r cof o'u carwriaeth yn nam ar bob pleser a gâi am flynyddoedd wedyn. Aeth Eban, yntau, yn y stori 'Dwy Storm' (*Ffair Gaeaf*) drwy uffern wedi i Aels droi ei chefn arno a thynghedodd 'na byddai a fynnai ef â merched byth wedyn.'

Pethau cymharol brin, fodd bynng, yw siomedigaethau a cholledion o'r fath yn ystod y tymor caru. Cip dros ysgwydd a geir arno gan amlaf a'r ychydig ramant a fu wedi'i fwrw i waelod y cof. Fel y mae siomedigaethau plentyndod yn gorbwyso'r llawenydd, yma eto daw'r ofnau a'r amheuon i gymylu awyr a llygaid.

Eithriad yw stori Glyn a Mair, 'Y Crys Glân' (*Prynu Dol*). Fe'u gadewir hwy, o leiaf, yn coleddu gobaith bod gwell i ddod:

> 'Ydach chi'n fy licio fi?' meddai Glyn yn swil.
> 'Ydw, yn ofnadwy,' meddai Mair.
> Yr oedd arno eisiau ei gwasgu tuag ato. Ond ymataliodd. Digon iddo ef oedd ei geiriau y noson honno. Gobeithiai ryw ddiwrnod y gallai ei harwain i dŷ o'r eiddynt eu hunain trwy gyntedd heb fod yn gul gan ddillad budron, eithr yn gul gan haf.

Ond gwyddom, o hen gynefino â'r dadrithiad, disgwyliedig yn aml, sy'n dilyn y caru, mai'r un fydd eu hanes hwythau ac na fydd yr haf ond byr ei barhad.

Edrych yn ôl dros drigain mlynedd ar ei garwriaeth â Geini a wna Dafydd Tomos yn 'Rhwng Dau Damaid o Gyfleth' (*Rhigolau Bywyd*). Wedi iddi wrthod ei briodi, bu'n gorwedd ar bentwr o lechi'n griddfan ei ing i'r agennau rhyngddynt ond bellach nid yw'r profiad ysgytiol ond megis stori'n sefyll ar ei gof 'fel ysgrifen ddu ar bapur gwyn'.

Mae geiriau Geini yn yr ysgrifen ddu honno (ansoddair priodol iawn, gyda llaw) yn fynegiant o amheuon ac ofnau'r awdures ei hun, er iddi hi fentro priodi yn ddwy ar bymtheg ar hugain oed. Meddai mewn llythyr at Saunders Lewis, yn 1927:

> Yr wyf yn cwbl gredu bod Morris Williams a minnau yn gwneud y peth goreu er ein lles. Buom yn gyfeillion da er Machynlleth, a rhyw ddeufis yn ôl syrthiasom i'r pwll hwnnw sy'n ddyfnach na chyfeillgarwch (os dyfnach hefyd; byddaf yn meddwl weithiau bod cyfeillgarwch yn well na chariad — mae o'n wytnach beth bynnag) . . . Mae'n rhyfedd meddwl bod dau hen 'cynic' fel ni wedi mynd i chwilio am ddinas noddfa yn y peth y buom fwyaf 'cynical' yn ei gylch. Ond fel yna y mae hi, mae gan 'cynic' ryw ddelfryd yng nghongl ei galon yn rhywle, ac os â ein llong yn ddrylliau, fe fyddwn yn barod am hynny, oblegid ein bod wedi cychwyn hwylio â'n llygaid yn agored, ac wedi atgoffa ein gilydd o'r lleoedd peryglus ar y daith. Nid yw'r un ohonom yn ddigon ffôl i feddwl mai mêl heddyw a fydd ein bywyd ar ei hyd. (*Annwyl Kate, Annwyl Saunders*)

Cawn adlais o hyn yn nheimladau Jane Gruffydd, y Ffridd Felen:

> Ni châi amser ond ar ryw brynhawn diog fel hyn ym mis Mai i feddwl a oedd hi'n hapus ai peidio. Nid yn aml y gofynnai'r cwestiwn iddi hi ei hun. Yr oedd yn hapus iawn yn ystod ei thymor caru; ond yr oedd ganddi ddigon o synnwyr i wybod nad ar benllanw'r teimlad hwnnw yr oedd i fyw o hyd. (*Traed Mewn Cyffion*)

Mewn drama a ysgrifennodd Morris Williams dan y teitl 'Gwŷr a Gwragedd' mae'r cymeriad, Dafydd, yn mynegi ei amheuon yntau:

> 'Mae priodas yn beth mor ofnadwy (mae'r ansoddair "fawr" sy'n dilyn wedi ei groesi allan) nes ei bod hi'n bwysig inni gychwyn yn iawn.'

Ni wêl Geini, fodd bynnag, unrhyw addewid yn y cychwyn iawn:

> 'Fel rydan ni rŵan rydan ni'n nabod y'n gilydd yn ddigon da i garu'n gilydd, ond mae arna i ofn os priodwn ni, y down ni i nabod y'n gilydd yn ddigon da i gashau y'n gilydd.'

Pan ddywed Ifan, yn y nofel *Traed Mewn Cyffion*, mai bai Sioned, y ferch, 'oedd priodi'r pry genwair bach yna', meddai Jane:

> 'Ella, ond ychydig iawn o bobl sy'n nabod i gilydd cyn priodi. Mi fasa lot o wŷr yn licio dengid oddi ar ffordd 'u gwragadd pe tasa nhw'n medru.'

Ar yr unfed ar hugain o Dachwedd, 1928, derbyniodd Kate Roberts lythyr oddi wrth Prosser Rhys:

> Gallaf ddeall eich teimlad ar fin priodi. Sicr wyf y bydd yn dda gennych weled y peth wedi pasio, a dechreu profi o dangnefedd setlo i lawr.
>
> Nid wyf yn gobeithio y byddwch fyw'n hapus; ni all artist fyw bywyd hapus, yn ystyr gyffredin y gair, beth bynnag. Ond hyderaf y cewch fywyd dwfn, llawn. Peidiwch â disgwyl gormod oddiwrth y bywyd priodasol. Gellwch ddisgwyl llawer o ddiddanwch cnawd ac ysbryd, llawer iawn. Ond na ddisgwyliwch ormod.

Gwireddir amheuon Geini, dro ar ôl tro, er nad yw'r adnabyddiaeth yn arwain i gasineb, fel yr ofnai hi. Cymryd y cam tyngedfennol a wna'r mwyafrif a'u llygaid yr un mor agored â rhai Kate a Morris. Yn y stori 'Rhigolau Bywyd', mae Beti Gruffydd yn myfyrio am ei gŵr, sydd wedi cyrraedd ei ddeg a thrigain oed ac yn gorfod gadael y chwarel:

> Ni fyfyriodd gymaint arno er cyn iddi briodi. Yr adeg honno yr oedd Dafydd Gruffydd yn un o fil, ond yr oedd byw efo fo wedi ei wneud yn debyg iawn i'r gweddill o'r mil erbyn heddiw. Yr oedd gan Feti ormod o synnwyr cyffredin i'w thwyllo ei hun fod rhamant caru yn para yn hir iawn ar ôl priodi.

Cred Meri Olwen yn y stori 'Ffair Gaeaf' yw ei bod yn well i rywun beidio â gweld gormod ar ei gariad. Mae'n sicr ei meddwl, pe gwelai hi Tomos yn aml, yr âi'r dyhead am ei weld yn llai 'ac y câi hithau felly lai o bleser pan fyddai yn ei gwmni.' I Mair yn 'Torri Amod' (*Yr Wylan Deg*) 'peth ofnadwy yw dechrau dod i 'nabod pobol.'

Mae'n awgrymu i Bryn, ei chariad, eu bod yn aros tipyn cyn priodi:

> Meddwl yr ydw i na wnâi o ddim drwg inni aros, a chael gweld tipyn ar y byd, lledu'n hesgyll, ac ennill profiad o fyw efo pobl eraill, *cyn* inni fynd i fyw efo'n gilydd.

Siom iddi, fodd bynnag, yw cael fod Bryn yn cytuno â hi ac ni ŵyr beth i'w wneud o sylw ei modryb:

> Y dach chi'n siŵr eich bod chi'n caru'r hogyn yn ddigon i'w briodi o? Gweld yr ydw i na fasai y meddyliau eraill yna ddim yn dwad i gyffiniau eich meddwl chi, pe basech chi.

Yr un amheuaeth sydd ym meddwl Modryb Alis pan glyw am ddyweddïad Megan, ei nith:

> 'Dim ond gobeithio y byddwch chi'n hapus.'
> ''Rydw i'n siŵr iawn y byddwn ni, hen foi iawn ydi Bryn.'
> 'Gobeithio y deil o felly.' ('Hen Bobl yn Caru': *Yr Wylan Deg*)

Dro ar ôl tro, gwelwn yr amheuon a'r ofnau hyn yn pylu'r llawenydd. I Lora Ffennig, yr oedd penderfynu priodi yn beth mawr, 'yn llam tyngedfennol, gwahanol i ddim arall mewn bywyd, ag eithrio marw, a'r anwybod yr un faint â'r llam hwnnw.' Cred hi fod pobl yn rhoi gormod o bwys ar briodi ac mai 'mater o ddychymyg yw caru yn aml', fel y dywedodd ei ffrind, Linor. O ddechrau ei holi ei hun, mae'n sylweddoli iddi fyw mewn paradwys ffŵl am flynyddoedd oherwydd iddi feddwl mai priodi oedd diwedd y daith. Meddai Ann Owen, hithau, wrth Mrs. Huws:

> 'Rhaid inni beidio â bod yn rhy siŵr fod pob caru yn arwain i briodi.'

Ond efallai mai gan nain Garreg Lwyd y ceir y rhybudd cliriaf pan ddywed wrth Loli:

> 'Mi fu gen innau wallt a bochau fel yna ers talwm, cyn imi briodi. Paid byth â phriodi, Loli bach, neu mi eith dy wallt yn wyn a dy wyneb yn hyll.' (*Laura Jones*)

Mater difrifol yw'r caru hwn, fodd bynnag, ac ni all yr un o'r merched gymryd yn garedig at na phryfôc nac ymyrraeth o'r tu allan. Mae cyngor y Mrs. Huws weddw ar iddi wneud yn fawr o Richard yn rhincian ar Ann. Ni

fynn hi roi cyngor i'w ffrind Dora, ynglŷn â'i pherthynas â
Harri, 'am fod cariad ynddo'i hun yn styfnig ac yn
gwrthwynebu i neb ymyrryd. Peth i ddau ydi o, ac nid i
dri.'

Pan ddywed Enid wrth Ffebi yn *Stryd y Glep* ei bod am
wrthod cynnig ei brawd am na allai feddwl am briodi neb
heb fod yn ei garu, mae'n gwrido at fôn ei chlustiau:

> Rhyfedd mor swil ydym wrth sôn am gariad. Cawn argraff oddi
> wrth nofelau fod pawb yn hollol gartrefol wrth drin y mater. Ond
> efallai mai mewn nofelau'n unig y maent felly.

Yn sicr, swildod, digon annwyl yn aml, sy'n nodweddu'r
caru cynnar. Cymysgedd o swildod ac ofn sy'n eu dal yn ôl
rhag cyfaddef eu teimladau. Daw'r amheuon i flino Ann
Owen hyd yn oed pan fo ar frig llawenydd:

> Beth petai hi yn newid ei barn rywdro am Richard, neu yr hyn a
> allai fod yn fwy posibl, beth petai hi yn newid ei theimladau tuag
> ato, a hithau wedi mynd cyn belled â hyn, o fod yn cario agoriad ei
> gartref yn ei phoced. Rhoes y syniad o'r naill du fel peth gwrthun.

I amryw o ferched y storïau a'r nofelau, y mae priodi yn
gyfystyr â rhoi'r cyfan. Meddai Lora Ffennig wrth Aleth
Meurig:

> ''D ydw i ddim yn meddwl y medrwch chi wneud llawer o
> ffrindiau ar ôl priodi. Mae'ch gŵr gynnoch chi, 'r ydach chi'n
> dweud pob dim wrtho fo. 'D oes yna ddim lle i neb arall yn
> enwedig os oes gynnoch chi blant.'

Pan gais Richard ddarbwyllo Ann fod gofyn iddynt fod
yn hapus yn ei gilydd yn hytrach nag mewn unrhyw beth a
ddeuai â lwc iddynt o'r tu allan, meddai hi:

> 'Ond mae'n teuluoedd ni yn rhywbeth mwy na lwc a damwain.
> Maen' nhw'n rhan ohonon ni ein hunain.'
> 'Ydyn Ann, mi wn i hynny, ond mae'n rhaid i ddiwrnod ddwad, mi
> wyddoch ych Beibl, pan fydd yn rhaid inni adael teuluoedd, a phan
> fydd yn rhaid inni benderfynu a ydy'n cariad ni yn ddigon i'n dal
> ni wrth ein gilydd ac anghofio pawb arall. Mae o'n beth creulon i'w
> ddweud.'

Yn beth creulon i'w ddweud ac yn beth amhosibl ei
wneud. Pa ryfedd fod yr amheuon a'r ofnau'n gwasgu?
Mae Ann yn ei holi ei hun:

> A oedd ei chariad yn ddigon tuag at Richard i gau pawb arall allan?

Pe deuai storm fawr, a rannai, nid ei meddwl yn unig, eithr ei theimlad hefyd, a allai roi'r cyfan yr oedd ar Richard ei eisiau ganddi iddo? A allai aberthu ei chariad at ei theulu, er mwyn y cariad mwy a hunan aberthol y gwyddai y dylai ei roi i Richard? Gwyddai ei bod yn ei garu. Ped âi allan o'i bywyd, fe fyddai'n wag. Ond a fyddai'n hollol wag?

Er bod y nofel *Tegwch y Bore* yn gorffen ar nodyn gobeithiol ac Ann yn dychwelyd i Ynys y Grug 'yn fwy eofn i wynebu'r dyfodol' nid yw'r darlun hwn, mwy nag unrhyw ddarlun o'r plentyndod gynt, heb grafiad ar ei draws:

Cwmwl a ddaethai dros haul ei chariad hi. Yr oedd yr haul yno o hyd, cawsai ddigon o braw o hynny er y bore. Yr oedd y cwmwl yno hefyd, ond ei fod yn symud. Fe symudai yn ôl eto yn bur debyg.

Ond o leiaf gall weld y bydd hi a Richard yn gysgod i'w gilydd yn nherfysg taranau a llwydda i'w hargyhoeddi ei hun (neu ei thwyllo ei hun, efallai) fel y gwnaeth Kate, hithau, y byddai'n barod os âi eu llong yn ddrylliau. Efallai bod y llygaid yn agored ond am gyfnod byr, o leiaf, mae'r wefr o fod mewn cariad yn pylu'r golwg. Meddai Lora wrth Owen, pan ddywed ef nad yw'r sawl sydd mewn cariad byth yn gweld beiau:

Mi allasa Paul fod wedi dweyd y cwbwl mewn pedwar gair, 'Mae cariad yn ddall'.

Yn sgîl yr ofnau a'r amheuon, daw oerni a dieithrwch i ran rhai fel Ann Owen, sy'n gwrthod cymryd eu dallu. Mae Mrs. Huws yn ei rhybuddio y gall ei halltudio ei hun yn rhy bell i neb ddeisyfu ei chael. Iddi hi, 'nid ffraeo ydi'r peth gwaetha alla ddyfod rhwng dau gariad. Mae oerni yn waeth.'

I'r mwyafrif, fodd bynnag, canlyniad y priodi yw oerni'r dadrithiad a'r diflastod sy'n dilyn y cynefino. Cawn Aleth Meurig yn ei gysuro ei hun iddo golli Elisabeth, ei wraig, cyn i'r cynefindra diflas fygwth eu perthynas.

Teimlad Annie yn y stori 'Y Golled' (*Rhigolau Bywyd*) yw iddi 'golli cariad wrth gael gŵr.' Wedi blwyddyn a hanner o briodas, mae'n awgrymu diwrnod allan ar y

mynydd er mwyn ceisio ail-afael yn llawenydd y tymor
caru a gwneud 'Williams y gŵr' yn Ded unwaith eto. Ond
wedi llwyddiant y prynhawn Sul a hithau wedi'i
argyhoeddi mai 'Ted oedd Ted wedi'r cwbwl' daw'r
dadrithiad creulon:

> Ymhen tipyn, ebe Williams, mi roeswn y byd yn grwn am fod yn
> y Cwarfod Athrawon yna'r pnawn yma.'
> Bu agos iddi â thagu. Daeth dagrau mawr i gronni yn ei llygaid.
> Ond ni bu hynny'n hir. Ymhen ennyd chwarddodd yn aflywod-
> raethus dros y tŷ. Cododd ei phriod ei ben ac edrychodd yn syn
> arni.

Mae chwerthin Annie yn llawer tristach peth na'i
dagrau ac ymateb ei phriod yn tanlinellu diffygion y
cyd-fyw.

Yn hanes Enid a Ned yn y stori 'Un Funud Fach' (*Yr
Wylan Deg*) mae'r anallu i gyfathrebu yn arwain at
anffyddlondeb ar ran y gŵr. Meddai Enid, wrth geisio
disgrifio'r anallu hwn:

> ''Rydw i'n teimlo ambell dro ein bod ni fel dau dop yn cael ein
> chwipio, ac yn chwyrlio ar dir sych, diffaith, heb byth daro yn ein
> gilydd, a rhyw law anweladwy yn dal y chwip.'

'Gwastad o fân ffraeo draenogaidd, didor-derfyn' yw
bywyd priodasol Sal Huws a Huw yn y stori 'Gobaith'. Yr
undonedd gwastad hwn sy'n nodweddu'r mwyafrif o
briodasau a cheir crynhoad effeithiol ohono mewn un
frawddeg yn 'Chwiorydd' (*Rhigolau Bywyd*):

> Priodasai Meri Ifans pan oedd yn ugain, a chafodd fywyd sy'n
> gyffredin i lawer, gweithio, magu plant, a ffraeo o fewn caerau ei
> thŷ ei hun.

I Ffebi Beca, *Stryd y Glep*, nid yw priodas hapus yn
bosibl os na all rhywun 'gyrraedd y stad o fedru byw efo un
arall fel y mae'n byw efo fo'i hun.' Wedi methiant ei
phriodas hi, mae Lora Ffennig, wrth geisio olrhain ei
pherthynas ag Iolo, yn ysgrifennu yn ei dyddiadur:

> Mae'r gorffennol yn goleuo imi rŵan, ac yr wyf yn gweld pam y bu
> ein bywyd yn ymddangosiadol hapus. Rhaid i gariad fod i gyd ar
> un ochr cyn y bydd priodas yn hapus, meddai rhyw nofelydd
> enwog. Efallai mai dyn wedi suro oedd o. Mae cen ar lygaid pobl
> wedi suro hefyd, fel ar lygaid pobl ddall.

Yr ychydig prin, fel Magi yn y stori 'Heb Gyffro Mwy' (*Yr Wylan Deg*) sy'n llwyddo i osgoi'r undonedd a'r diflastod:

> Ni wirionais am Wiliam, tyfu yn araf a wnaeth ein cyfeillgarwch.

Cael gafael ar y cyfeillgarwch hwn, o fewn priodas, yw'r unig achubiaeth. Rhoddir pwyslais arbennig ar werth cyfeillgarwch o'r fath yn y gyfrol *Yr Wylan Deg*. Mae Enid yn 'Un Funud Fach' yn ystyried stori Tsiecoff am y wraig a'r ci yn stori hapus:

> 'Fyddai hi ddim felly, petai hi wedi mynd i'w phen draw, a bod eu cariad wedi'i gyflawni i'w eithaf. Mi fasent yn cael eu dadrithio.

Fe'i cawn hithau'n cyfeirio at y 'cyfeillgarwch solet' pan fo cariad yn llithro drwy'r haul.

Mae'n ddiddorol sylwi mai un o'r ychydig briodasau ymddangosiadol hapus, o leiaf, yw un gŵr Mari, sy'n dioddef o salwch meddwl.

Salwch corfforol a thrueni'r heneiddio sy'n ysgogi tosturi yn storïau'r cyfnod cynnar, 'Y Condemniedig' (*Ffair Gaeaf*) a 'Rhigolau Bywyd'. Wrth i Beti Gruffydd wylio'i gŵr yn torri drain mae'n sylweddoli na fu dim ond gwaith yn ei fywyd yntau:

> Syllodd arno eto yn chwifio'r cryman fel y gwynt a rhyw gwyno yn dyfod o'i frest fel carreg ateb gyda phob trawiad.
>
> A meddyliodd rhyngddi a hi ei hun, 'Mi fydd yn gorfadd yn yr hen fynwent acw ymhen tipyn, a'i ddwylo dros i gilydd am byth'.

Yn 'Y Condemniedig', sy'n haeddu cael ei hystyried fel un o storïau mwyaf nodedig Kate Roberts, daw Dafydd Parri adref o'r ysbyty i farw. Iddo ef a Laura 'byw yr oedd pobl ar ôl priodi, ac nid caru' ac ni chawsant erioed fawr o gyfle i sgwrsio, heb sôn am siarad yn gariadus. Ond fel y mae corff Dafydd yn gwanhau mae'r swildod a fu yn lleihau ac yntau'n ysu am gael rhoi mynegiant i'w deimladau. Pan ddaw Laura i'r siambr a cheisio ei annog i gymryd tamaid, meddai wrthi:

> 'Gwanio 'rydw i, weldi.'
>
> Ond wedi dweud hynyna, sylwodd ar Laura, a gwelodd ôl crio mawr ar ei hwyneb blinedig. Edrychodd arni.
>
> 'Laura,' meddai, 'beth sydd?'

'Dim,' meddai hithau, gan droi ochr ei hwyneb tuag ato.
Gafaelodd ynddi, a throdd hi ato, ac yn ei threm fe welodd y
wybodaeth a roes y doctor iddo yntau. Aeth ei frawddegau i
ffwrdd. Ni allai gofio dim yr oedd arno eisiau ei ddweud wrthi, ond
fe afaelodd ynddi, ac fe'i gwasgodd ato, a theimlodd hithau ei
ddagrau poethion ef yn rhedeg hyd ei boch.

Yn y 'dim' a'r 'dagrau poethion' ceir crynhoad o holl
drueni y bywyd oer, didaro a'r anallu, oherwydd gormes
amgylchiadau, i fynegi a chyfleu cariad.

Derbyn yr amgylchiadau a phlygu i'r drefn a wna'r
mwyafrif; ffraeo o fewn eu libart eu hunain a 'rhoi caead ar
y sosban pan mae hi'n dechrau berwi'. Ceir ambell
gyfeiriad at anffyddlondeb o fewn priodas, fel yn 'Un
Funud Fach', ac awgrymir yn *Traed Mewn Cyffion* fod
Bertie, gŵr Sioned, yn euog o'r pechod hwnnw.

Y gwŷr sy'n cicio'n erbyn y tresi, ond pan ddaw'r
chwalfa y duedd yw beio'r 'ddynes arall'.

Cred Aleth Meurig mai Mrs. Amred sy'n ceisio cael
Iolo Ffennig i fynnu ysgariad. Ateb Lora i sylw Owen, ei
brawd-yng-nghyfraith, nad oedd 'ddim o'r ods ganddyn
nhw pan ddaru nhw ddengid' yw:

'Na, mae'n rhaid i bobl gael bod yn barchus ar ôl iddyn nhw oeri.'

Beio'r merched sy'n dychmygu eu bod mewn cariad â
gwŷr priod a wna Linor, ei ffrind, hithau:

Yna maen nhw'n dechrau rhoi sylw iddyn nhw, a gwenieithio
iddyn nhw, ac os oes gan y gŵr ryw fymryn o gwyn am i gartre, mae
o'n dechrau dweud i gwyn wrth y ddynes arall. A dyna iti nefoedd
rhai merched sengl, cael gwŷr priod i ddweud cyfrinachau am eu
cartrefi wrthyn nhw. Nid caru'r dyn y maen nhw ond caru'r
oruchafiaeth sy ganddyn nhw ar wraig y dyn.

Mae hyn yn ein hatgoffa o sylw Dan yn *Stryd y Glep* ei
bod yn berygl bywyd i ddyn fod yn agos i ferched rhwng
deugain a hanner cant, fel Joanna a Miss Jones:

Mewn cariad â'r stad briodasol yr oedd y ddwy yma, meddai ef.
Ond y coblyn oedd fod rhai merched wrth bysgota o hyd yn dal yn
y diwedd.

Mewn llythyr at Saunders Lewis, Tachwedd, 1928,
dywed Kate Roberts mai bwrn arni yw meddwl am orfod
mynd trwy'r gwasanaeth priodas:

Sue yn *Jude the Obscure* wyf fi, yn y mater yna beth bynnag. Credaf ei fod yn greulondeb gwneuthur i ddau berson yn eu llawn faint a'u synnwyr adrodd truth ar ôl dyn arall fel plant. Pam na wnai'r tro i ddau fynd i swyddfa a dwedyd bod arnynt eisieu byw efo'i gilydd, ac arwyddo papur er mwyn cyfraith gwlad. (*Annwyl Kate, Annwyl Saunders*)

Er ei bod yn rhannu arswyd Sue Brideshead, cytunodd Kate i briodi yn eglwys Llanilltud Fawr, ond nid oedd na chyfeillion na pherthnasau yn bresennol.

Yn y stori 'Cyfeillgarwch' (*Gobaith*) ni fu i'r Doctor weithredu ar ei fwriad ym mhriodas ei ferch:

Wedi meddwl gwneud hwyl am ben y syniad o briodas yr oeddwn i, a dweud y byddai'n well i bawb fyw tali efo'i gilydd, yn lle'r holl stŵr, ac y byddai pobl yn hapusach wrth wybod y medrent ymadael â'i gilydd bryd y mynnent.

Cymeradwyo'r 'byw tali' a wna'r awdures, hithau, gan fynnu mei er mwyn tawelwch y bu iddi hi a Morus fynd drwy'r seremoni briodas ac mai peth ofnadwy yw 'meddwl bod y gyfraith yn rhoi ei phig i mewn, mewn peth sydd a wnelo a chalonnau dau berson.' (*Annwyl Kate, Annwyl Saunders*, 12 Ionawr, 1931)

Yn y 'Dyddlyfr Didrefn' a gyhoeddwyd yn *Y Faner* yn 1967 ceir y sylw gogleisiol hwn:

Priodas G. Cyd-gyfarfyddiad y teulu. Mae priodasau yn rhygnu ymlaen am oriau, maent fel trugaredd yr Arglwydd o dragwyddoldeb i dragwyddoldeb.

Go brin y byddai'r darlun a geir o fywyd priodasol yn cymell neb i fentro iddo. Perthyn i'r gorffennol, fel popeth o werth, y mae'r cynhesrwydd a'r llawenydd. Diniweidrwydd sy'n nodweddu'r caru Platonaidd, o'r gwddw i fyny; dal dwylo, ambell i gusan swil, a dim sôn am neidio i'r gwely cyn priodi, er bod hynny yn digwydd. Pan aeth Gwilym R. Jones i Rosgadfan i ffureta am newyddion pan oedd yn gyw gohebydd ar staff yr *Herald*, meddai Catrin Roberts, mam Kate, wrtho:

Mae'r un peth yn digwydd yma ag sy'n digwydd ym mhobman, am wn i. Mae yna blant yn cael eu geni cyn bod priodas, ond pe bai yna grocbren wrth bost y gwely fel fyddai hynny'n digwydd.

Yn ei nodiadau anerchiad 'Cyffes Ysgrifennwr', dywed

Kate Roberts iddi gau ei llygaid ar bethau fel rhyw ac anfoesoldeb:

> Yr oedd y pethau hyn yn rhan o fywyd, fel bwyta ac yfed, ac nid ystyrid hwy fel problem i'w dadelfennu nac i'w disgrifio'n fanwl.

Ategir hyn yn ei hateb i'r Athro J. E. Caerwyn Williams (*Ysgrifau Beirniadol 3*) y byddai'n anodd iawn iddi drafod y teimlad rhywiol oherwydd y swildod a fagwyd yn y cyfnod y ganed hi iddo.

Mewn erthygl yn y *Daily Post* yn 1974, cyfeiriodd Tom Macdonald ati fel lladmerydd bywyd yr ucheldir. Mae'n amlwg iddo yntau ei holi ynglŷn ag absenoldeb rhyw yn ei gweithiau. Meddai:

> She had never exploited the sex theme in her novels.
> 'As it is in many English novels now?' I ventured.
> 'There are Welsh writers just as guilty,' she said.

Yn y cyfweliad radio gyda Herbert Williams yn 1976, fodd bynnag, dywed y byddai'n ddiamau wedi ysgrifennu am ryw petai wedi ei geni ddeugain mlynedd yn ddiweddarach gan ei fod 'y peth mwyaf naturiol yn y byd', a bod ei gwaith ar ei golled oherwydd iddi fethu gwneud hynny.

Nid yw'r caru Platonaidd, hyd yn oed, heb ei eiliadau o angerdd, er mai awgrym yn unig o'r cyffro rhywiol a gawn.

Mae Dafydd, gwrthrych y stori 'Rhwng Dau Damaid o Gyfleth', yn teimlo'r cynnwrf hwnnw wrth wylio Geini yn plygu gyda'r gwair ym meudy Dôl yr Hedydd:

> Ni allodd ddal yn hwy. Yr oedd ei wefusau'r munud nesaf yn mynegi angerdd ei galon ar ei gwefusau poethion hi.

Ond paratoad at y briodas yn unig yw'r gwely peiswyn yn y siambr.

Mae Ann yn teimlo ias o gynhesrwydd cynhyrfus iawn wrth i'w chariad afael yn ei braich a'i chlosio ato; Mair, yn y stori 'Poen Wrth Garu' (*Yr Wylan Deg*), yn cofio'r 'ias feddwol ddiddymol a aeth trwy ei holl gorff' ac Enid wedi gwefr y munud o deimlo braich Ifor amdani, yn gorffwys ei phen ar ei ysgwydd ac yn mwynhau'r teimlad 'bod rhywun yn dymuno rhoi cysur iddi, eisiau gofalu amdani a bod yn garedig tuag ati.' Y noson honno, mae'n ysu am gael cyrraedd ei llofft a'i gwely:

Ni fyddai'n wely unig iddi heno. Câi gwmni ei hatgof am y noson hapus a gawsai gydag Ifor; ail-fyw pob gair ac edrychiad a theimlad. Ac, efallai, breuddwydio am y dyfodol. ('Un Funud Fach': *Yr Wylan Deg*)

A hithau wedi bod yn sgwrsio â'r milwr ifanc yn y trên, mae Ann yn profi 'un munud ofnadwy o feddwl y gallai hoffi rhywun heblaw Richard' ac yn ymroi ati i ysgrifennu llythyr ato 'er mwyn gallu gorchfygu'r Diafol a ymyrrai â'i meddyliau.'

Er na feiddiai Bet *Tywyll Heno* fod yn anffyddlon i'w gŵr mewn gair na gweithred, mae'n mwynhau'r profiad o orffwyso'i phen ar fynwes Wil wrth iddynt ddawnsio yn y bwthyn ac yn meddwl:

Rhyfedd mor hawdd yw caru dyn arall yn ein dychymyg.

Yn ystod oedfa, daw gwên i'w hwyneb wrth iddi ail-fyw'r profiad hwnnw.

Yn eironig, mae i'r sawl na phrofodd wefr ac angerdd y caru well gobaith o allu sefydlu a chynnal perthynas, fel Sam ac Alis yn y stori 'Hen Bobl yn Caru' (*Yr Wylan Deg*) Meddai Alis:

"Rydw i wedi cyrraedd oed yr addewid, a mi'r ydach chithau yn tynnu at hynny, a'm syniad i erioed oedd bod yn rhaid sylfaenu priodas ar gariad.'
'Ac mi'r ydach chi'n meddwl na fedar dau mewn oed ddim caru?'
'Felly 'rydw i wedi meddwl erioed.'
'Edrychwch yma, 'rydw i wedi'ch gweld chi ymhob treialon ac wedi dwad i'ch caru chi. Wrth reswm, 'dydi o ddim yr un fath â chariad poeth ych nith, ond mi eill cariad ffrind at ffrind fod yn beth mwy solat o lawer.'

I Heti a Magi, mae'r syniad o hen bobl yn caru 'a'u cnawd wedi dechrau pydru' yn beth gwrthun, ond anghytuno a wna Neli gan fynnu bod 'cyfeillgarwch yn well sylfaen o lawer na chariad i briodas.'

Ofer disgwyl i'r rhai iau fodloni ar hynny. Er iddynt weld arwyddion ym mhobman o'u cwmpas mai byr ei barhad yw'r mis mêl ac mai gweithio i fyw a byw i weithio fydd eu hanes hwythau, daliant i obeithio yn eu calonnau y gallant hwy brofi'n wahanol, fel y gwnâi'r un a roddodd fodolaeth iddynt. Sylweddoli oferedd y gobaith hwnnw sy'n peri i Geini a'i thebyg roi tafod i'r 'ofn 'nabod' a cheisio osgoi mynd yr un fath â phawb arall.

Dyfodol diflas ac undonog a wynebai'r ferch sengl, fodd bynnag. Ei rhagwelediad o'r bywyd hwnnw sy'n peri i Jennat yn y nofel anorffenedig *Ysgolfeistr y Bwlch*, y cyhoeddwyd y ddwy bennod ohoni yn *Y Llenor*, 1926/7 benderfynu gweithredu:

> Nid oedd Jennat yn un o'r bobl ostyngedig hynny a gredai mai syrthio fel huddugl i botes a wnâi cariad. Credai hi y medrai pawb briodi, ond iddynt feddwl am hynny, ac yr oedd hithau am weithredu yn ôl ei chredo.

Ei harswyd yw ei chael ei hun yn yr un sefyllfa â Miss Huws, ei hen athrawes, a'i breuddwyd yw cael ei chartref ei hun gyda'i gynfasau lliain a'i lestri te 'cyn deneued â waffer.' Yn anffodus, nid yw hynny'n bosibl heb gymryd gŵr yn y fargen.

Yn y derbyn a'r gwrthod cawn ein hatgoffa'n gyson o sylw'r hen nain yn y stori 'Yr Apêl (*Yr Wylan Deg*) mai'r cyfan a welsai hi mewn bywyd oedd 'dewis rhwng dau ddrwg o hyd.'

CARDIFF

CENTRAL
LIBRARY

4
Y PEISIAU SY'N TEYRNASU

''R ydw i'n 'nabod merched yn well.' Dyna ateb Kate
Roberts pan ofynnais iddi mewn cyfweliad ar gyfer *Y
Genhinen* beth oedd ei barn hi am y dynion yn ei storïau a'i
nofelau. O asen Adda y crewyd Efa, medden nhw, ond o
ddarllen ei gweithiau hi byddai'n llawer haws derbyn i
Adda gael ei greu o asen Efa. Clustiau a llygaid yn y
cysgodion yw'r gwŷr; tafodau yn y goleuni yw'r gwragedd.
Hwy sy'n gwneud y penderfyniadau ac yn gweithredu.

Ar wahân i'r ychydig sy'n llwyddo i ffurfio a chynnal
perthynas ag arall o'r un rhyw, nid oes fawr o gariad rhwng
y merched hyn a chlywn dafod yn hogi tafod mewn sawl
sgwrs. Mae edmygedd yr awdures o fatriarch y gorffennol
yn ddigon amlwg, ond darlun pur wahanol a gawn o
ferched ail hanner y ganrif, fel unigolion ac fel aelodau o
gymdeithas.

Yn bendant, nid cri dros gydraddoldeb a rhyddfreiniad
yw un Bet, *Tywyll Heno*, yn y seiat, mewn ymateb i haeriad
yr hen ŵr mai'r Arglwydd sy'n teyrnasu:

> 'Na, 'dydach chi ddim yn iawn, y peisiau sy'n teyrnasu, gorfoledded
> y ddaear.'

Fe'n harweinir i gysylltu hyn â sylw Bet ar ddechrau'r
gyfrol, ond yn ddiweddarach yn ei hanes:

> 'Pam yr ydwyf wedi meddwl bob amser am y diafol fel dyn?
> Merched ydyw'r diawliaid, a mae pob merch wedi mynd i mewn i
> Sali.'

Ymhlith unigolion ail hanner y ganrif, prin iawn yw'r
merched sy'n ysgogi cydymdeimlad, ond cyflenwir y
diffyg hwnnw â dogn helaeth o hunan-dosturi.

Meddai Lora Ffennig wrth Aleth Meurig:

> 'Mi 'rydach chi'n gweld mai fi fy hun sy'n dwad gynta bob tro.'

Nid yw'n wraig hawdd ei hadnabod. Yn ôl Aleth Meurig

45

byddai gofyn ei gweld yn aml er mwyn gallu torri trwy'r 'oerni ymddangosiadol yn ei chymeriad.' Iddo ef, mae harddwch Lora Ffennig 'fel dyffryn tawel y clywsid llawer o sôn am ei harddwch, ond na welid mohono wrth fynd trwyddo mewn trên neu fws neu wrth dreulio deuddydd neu dri ynddo, ond dyffryn y deuid i weld ei harddwch wrth fyw ynddo.'

Ni chaiff y cyfreithiwr, fodd bynnag, gyfle i fwynhau'r harddwch cuddiedig, mwy nag a gawn ninnau fel darllenwyr, ac erys Lora Ffennig yn ddynes oer a phell a chyn 'glosied â chneuen' er yr holl hunan-ymholi. Dawn lenyddol Kate Roberts yn unig sy'n peri inni ymlafnio i geisio dod i'w hadnabod ac i obeithio y daw o hyd i ryw fesur o dawelwch meddwl, er gwybod bod hynny'n ormod i'w ddisgwyl.

Nid yw Ann Owen mor ffodus. *Tegwch y Bore* yw'r gwannaf o gyfrolau Kate Roberts. 'R wy'n credu y byddai hi'n barod i gytuno â hynny. Fe'i lluniwyd, fesul pennod, ar gyfer *Y Faner* ac âi ati i'w hysgrifennu ambell wythnos heb wybod ar y ddaear beth i'w ddweud. Pwysau o'r tu allan a barodd iddi ei chyhoeddi'n nofel. Byddai wedi elwa ar gael ei chrynhoi a'i chwtogi. Cyfeiriodd Roy Lewis at y gyfrol mewn adolygiad treiddgar yn *Y Faner*, 1968, fel hunangofiant ysbrydol, yn hytrach na nofel, gan haeru mai 'cyfrwng i deimlo trwyddo yw Ann Owen.' Yn anffodus, mae'n anodd iawn uniaethu â hi oherwydd ei phersonol-iaeth sur a'i natur fewnblyg. I bobl yr ardal 'hen hogan sych' ydyw, a go brin ei bod yn gymeriad sy'n gallu cynnal diddordeb nac ennyn cydymdeimlad darllenydd mewn nofel feithach na'r cyffredin.

Er bod Bet, hithau, yn ymdrybaeddu mewn hunan-dosturi ac nad oes obaith iddi ddianc o'r carchar y cerddodd i mewn iddo o'i dewis ei hun, fe'n cawn ein hunain yn rhannu'i gobaith o gael 'rhyddid i frwydro' o fewn y carchar hwnnw. Trueni'r hen wragedd yn yr ysbyty meddwl yw eu bod wedi gorffen brwydro ac yn aros eu diwedd; trueni Bet yw iddi ddysgu bod yn rhaid bod yn greulon, tuag ati ei hun yn anad neb, os yw am allu dioddef y byd o gwbl.

Amgylchiadau allanol a chyflwr cymdeithas sy'n rhannol gyfrifol am ei hiselder a gallwn, o'r herwydd, gydymdeimlo â hi yn ei hymchwil am y goleuni a'r arial at fyw. Mae mwy o bosibiliadau ynddi hi nag sydd yn Lora ac Ann, er ei bod yn rhy ddiweddar iddi allu gweithredu arnynt. Yn ei dychymyg y mae'n caru Wil ac yn dilyn Melinda i'r Cyfandir, ond o leiaf mae'n dal i allu breuddwydio. Er y pwysau allanol, yn rhinwedd ei swydd fel gwraig i weinidog, deuoliaeth ei natur yw problem fwyaf Bet:

> Yr oeddwn yn perthyn i ddau fyd, byd llyffetheiriol fy ieuenctid, a'r byd newydd a welwn, y clywn ac y darllenwn amdano mewn llyfrau lle na welid bai ar bechod.

Ni all dorri'n rhydd o'r naill na mentro i'r llall. Mae'r ffaith ei bod yn gorfod cyd-fyw ag un sydd â wyneb 'hollol ddifynegiant' yn llawer mwy tebygol o ennyn ein tosturi na bod gŵr y Lora a adawai 'i bethau lithro am fod hynny yn llai o drafferth' wedi'i gadael.

Cyhoeddwyd *Stryd y Glep* yn 1949. Fel yn Bet, mae'r hedyn gwrthryfel sy'n Ffebi Beca yn beth i'w edmygu. Y gwrthryfela meddyliol hwn sy'n galluogi Ffebi i oresgyn poenau ei salwch ac i oddef undonedd bywyd. Mae'n ysgrifennu yn ei dyddiadur:

> 'Dim byd yn digwydd. Bu bron imi ychwanegu "Ond haul a glaw a gwynt". Os clywaf hynyna eto, yr wyf yn siŵr o sgrechian, gan imi ei glywed mor aml. Mae haul a glaw a gwynt *yn* ddigwyddiadau i rai a fu'n orweiddiog am flynyddoedd.'

Yr hyn sy'n gyffredin i'r holl o'r merched yw arwyddocâd y pethau bychain: 'Yn y manion mae einioes.' Wrth gyfeirio at ddychan chwareus y stori 'Teulu Mari' (*Hyn o Fyd*) dywed Kate Roberts nad oedd yn amcanu at ddychan dwfn:

> Ni wn ddigon am y byd a'i broblemau dyrys i ddychanu dim ond y pethau bach wrth fy ymyl. Y pethau bach hynny yw byd a bywyd llawer ohonom. (*Annwyl Kate, Annwyl Saunders*)

Er bod Nanw Prisiart yn tynnu am ei chant oed 'tra oedd tatws newydd a llaeth ennwyn a stumog iddynt, yr oedd blas ar fyw.' Pleser Lisa Ifans yw cael syllu drwy ffenestr yr ysbyty ar yr wylan deg yn croesi'r lawnt. Daw, o hir sbïo arni, yn eiddo iddi hi, ac ni fynn ei rhannu â neb.

Prin iawn, er hynny, yw'r eiliadau gwerthfawr o hapusrwydd a ddaw yn sgîl y pethau bach. A hithau wedi mwynhau pryd o fwyd yng nghwmni Besi, ei chwaer, a John, ei ffrind, ac yn gobeithio storio'r profiad yn ei chof 'fel trysor', mae Ffebi'n ei holi ei hun:

> Ac eto, pa werth sydd i fymryn o hapusrwydd fel yna oni ddelir ymlaen ag ef? Ni fedr neb fyw ar gofio am ei funudau hapus.

Er bod gan Lora blant ac Ann frawd i bryderu'n eu cylch a bod creulondeb pobl yn wewyr i Bet, dychwelyd at eu gofidiau eu hunain a wnânt, dro ar ôl tro. Haerai Kate Roberts mai'r hunan yw ein gelyn pennaf:

> Yr wyf fi'n credu mai hunanoldeb yw'r pechod gwreiddiol, ac mai ein brwydr ar hyd bywyd yw'r frwydr yn erbyn ein hunanoldeb. Dyma'r carchar sydd amdanom. ('Dyddiau Plentyndod', *Y Faner*, 1952)

Ar ddiwedd *Stryd y Glep*, mae Ffebi'n hapus oherwydd iddi allu gael gwared â'r hunan. Ond fel y mae Ann yn rhagweld y gall y cwmwl symud yn ôl, mae Ffebi, hithau, yn ei rhybuddio ei hun:

> Nid wyf heb wybod, er hynny, efallai y daw'r gelyn yn ôl eto, ac nad yw ennill y frwydr hon yn wahanol i bethau eraill mewn bywyd, ac y geill nad oes y ffasiwn beth â gorffen, a chwblhau a pherffeithio.

A dyna'n hatgoffa o neges Prosser Rhys yn ei lythyr i Kate cyn ei phriodas. Gobeithiwch, os gallwch, ond peidiwch â disgwyl gormod.

Fel y crybwyllwyd eisoes, yr oedd Jane Gruffydd y Ffridd Felen yn un o'r rhai a orfodwyd oherwydd poen a phryder ei byw i beidio â disgwyl gormod. Ar ddechrau'r nofel *Traed mewn Cyffion* hi sy'n tynnu llygad holl ferched cynulleidfa'r cyfarfod pregethu gyda'i ffrog sidan, ei chadwyn aur a'i het bluog:

> Yr oedd hi yn dal, ac yn dal ei dillad yn dda. Nid oedd yn brydferth ar wahân i'w gwallt, a wnaed heddiw yn isel ar ei gwddf, ond yr oedd cryfder yn ei hwyneb.

Â'r dillad yn angof, ond deil y cryfder. Yn Jane Gruffydd, cawn ymgorfforiad o'r fatriarch Gymreig. Daw iddi siomedigaethau a gofidiau lu a gwêl chwalu'r teulu y treuliodd ran helaethaf ei hoes yn ymdrechu ac yn ymlafnio ar ei ran. Amlygir cryfder ei chymeriad a'i synnwyr cyfiawnder yn ei hymateb i'r swyddog pensiynau pan ddaw i'r Ffridd Felen wedi i Twm, un o'r meibion, golli'i fywyd yn y rhyfel:

> Yr oedd fel casgliad yn torri, y dyn yma a gynrychiolai bob dim oedd y tu ôl i'r Rhyfel ar y munud hwnnw, a dyma hi'n cipio'r peth nesaf i law — brws dillad oedd hwnnw — a tharo'r swyddog yn ei ben.
> 'Cerwch allan o'r tŷ yma, mewn munud,' meddai, ac yr oedd yn dda ganddo yntau ddiflannu.
> 'Fy hogyn bach i,' dolefai, 'a rhyw hen beth fel yna'n cael byw.'

Mae Owen, a fu'n llygad-dyst o hyn, yn cywilyddio oherwydd ei lwfrdra yn gadael i'w fam daro'r swyddog pensiynau. Bu'r weithred honno, fodd bynnag, yn gyfrwng i agor ei lygaid:

> Yr oedd yn hen bryd i rywun wrthwynebu'r holl anghyfiawnder hwn. Gwneud rhywbeth. Erbyn meddwl, dyna fai ei bobl ef. Gwrol yn eu gallu i ddioddef oeddynt, ac nid yn eu gallu i wneud dim yn erbyn achos eu dioddef.

Ac yna, fel bob tro arall, daw'r 'ond' i ddiffodd tân y gwrthryfel cyn iddo gydio:

> Ond efallai ei fod, wedi'r cyfan, yn disgwyl bywyd rhy grwn, rhy orffenedig, ac yn rhoi gormod o goel ar y gredo y deuai pethau'n iawn ond iddo wneud ei ddyletswydd.

Er bod Owen fel petai'n cael ei dynnu i'r amlwg a Jane Gruffydd yn cael ei gwthio i'r cefndir yn rhannau olaf y nofel, deil y goleuni i lewyrchu arni hi. Yn ei adolygiad ar *Traed Mewn Cyffion (Y Cymro*, 1936) mae T. Rowland Hughes, er yn feirniadol o'r môr o dlodi a phrudd-der sydd fel petai'n bygwth llyncu'r cymeriadau, yn edmygu dycnwch a gwroldeb Jane Gruffydd:

> Nid ei thristwch a welwch ond ei gwrhydri tawel, nid y gruddiau llwyd ond y llygaid gwrol, caredig.

Efallai nad yw'r ansoddair 'caredig' yr un mwyaf addas, ond yn sicr mae Jane Gruffydd yn gynrychiolydd teilwng iawn o'r fatriarch Gymreig ac yn un o greadigaethau mwyaf grymus a chofiadwy Kate Roberts. Pery'n arwres hyd at y diwedd, a hynny nid yn unig yn ei gallu i ddioddef, ond yn ei dweud a'i gwneud.

Dau flaenor a aeth i weld Catrin Roberts, mam Kate, wedi iddi golli ei mab yn Malta, i drefnu cyfarfod coffa iddo. Cawsant hwythau driniaeth nid annhebyg i'r swyddog pensiynau:

> 'Cyfarfod coffa i bwy? Os cofio, mi allasech gofio fy hogyn i pan oedd o'n fyw. Mi fuo ar wastad ei gefn am bum mis o amser, a ddaru'r un ohonoch chi anfon cimint â gair iddo fo, er i fod o cystal â neb o'r fan yma am fynd i foddion gras.' (*Y Lôn Wen*)

Fel Owen, gwrando, ac edmygu gwroldeb y fam a wna'r ferch.

Gweithredu a wna Ann Jôs, hithau, yn y stori 'Prentisiad Huw' yn y gyfrol *O Gors y Bryniau*, a gyhoeddwyd yn 1925:

> Nid oedd mynydd a phant yn ei meddwl hi o gwbl. Yr oedd fel y gwastadedd a orweddai rhyngddi â'r môr. Yn lle cael gwasgfa, fe gafodd syniad.

Mewn llythyr a ysgrifennodd Kate Roberts at Saunders Lewis yn 1931 ceir y sylw hwn:

> Fel mam a'i chwiorydd, cyneddfwyd fi â braich wydn, gadarn, ac os sylwch, fe rêd hynny drwy fy storïau. Ni wn a oes gennyf wraig lipa mewn unrhyw stori. Efallai bod, mewn gwrthgyferbyniad. (*Annwyl Kate, Annwyl Saunders*)

Cyfeirio yr oedd, mae'n siŵr, at y wraig briod ifanc, Linor Rhisiart, yn y stori 'Ffair Gaeaf', na wêl unrhyw bwrpas mewn pobi bara a'r car bara'n galw bob dydd, a Beti, merch Meri Ifans yn y stori 'Chwiorydd' (*Rhigolau Bywyd*) a'i slemp o lanhau. Gwrthbrofi'r ystrydeb mai fel y fam y bydd y ferch a wna Beti gan mai 'dynes ddibleten' yw Meri Ifans, er nad yw ei pherthynas â'i gŵr a'i phlant mor ddibleten.

I Meri Ifans a'i thebyg, y cartref yw eu byd:

> Yr oedd un olwg ar ei thŷ yn ddigon i'ch argyhoeddi mai barddoniaeth oedd gwaith tŷ ac nid blinwaith.

Nid yw Elin Jôs, mam Loli, yn rhannu ffydd ei gŵr mewn aberthu dros roi addysg i ferched:

'Wna genod ddim ond priodi,' ebe hi (fel pe na bai bechgyn yn gwneuthur hynny.)

'Tae waeth,' ebr ei phriod, 'mi fydd yr addysg ganddi hi, fedar neb fynd i phen hi i ddwyn hynny.'

'Y peth gora fedra hi ddysgu ydi sut i gadw tŷ mewn trefn,' ebr Elin Jos.' (*Laura Jones*)

Er nad yw Beti Gruffydd 'Rhigolau Bywyd' yn rhannu brwdfrydedd Meri Ifans, ei chartref yw ei diddordeb:

> Nid oedd lle i lawer heblaw gwaith tŷ a thrin llaeth a menyn yn ei bywyd.

Rhoesai ei holl egni i'r gwaith hwnnw, oherwydd 'nid gwraig i gymryd ei gwneud gan fenyn meddal ar dywydd poeth oedd Beti Gruffydd.'

I Ffanni Rolant, 'Y Taliad Olaf' (*Ffair Gaeaf*) mae mwy i gadw tŷ na threfn a glanweithdra:

> Yr oedd gan Ffanni Rolant chwaeth: peth damniol i'r sawl a fyn dalu ei ffordd. Fe wyddai hi beth oedd gwerth lliain a brethyn. Yr oedd yn bleser edrych arni'n eu bodio.

Merched yn dilyn yr un traddodiad a gawn yn bennaf yn y cyfrolau sy'n dilyn. Mae Ffebi Beca, sydd wedi ei chaethiwo i'w chadair, yn mwynhau gwylio Liwsi Lysti:

> Mae hi'n bictiwr o iechyd ac o fodlonrwydd . . . 'R wyf yn hoffi ei gweld yn cerdded hyd y tŷ yma fel llong ar y dyfroedd. (*Stryd y Glep*)

Daw'r un mwynhad i Wil yn y stori 'Penderfynu' wrth iddo weld Leusa Ffrwst 'yn mynd trwy'r tŷ fel corwynt' gan sgubo popeth, yn ei gynnwys yntau, o'i blaen.

Er y byw cymdogol, pethau i'w cadw o fewn terfynau'r cartref yw'r mân ffraeo a'r gofidiau ac nid i'w taenu ar led. Un o hoff ddywediadau Catrin Roberts, pan fyddai'n traethu ei barn yn huawdl ar bawb a phopeth ar yr aelwyd gartref oedd, 'yn fan'ma rydw i'n i ddeud o.' Meddai Kate Roberts wrth Saunders Lewis yn *Crefft y Stori Fer:*

> Ar yr aelwyd ac nid ar y ffordd y byddai'r gyllell yn gwneud ei gwaith.

Synnwyr cyfiawnder sy'n arwain y gwragedd i roi tafod cyhoeddus i'r gofidiau, a hynny, gan amlaf, er mwyn achub cam eu hepil. I Jane Rhisiart, 'Y Trysor' (*Gobaith*),

mae cadw wyneb a phrofi y gall ymdopi heb na chyd-
ymdeimlad na help yn holl-bwysig:

> Dynes â llygaid i weled oedd hi eithr â gwefusau i gau yn dynn rhag
> i'w thafod siarad wrth bawb yn ddiwahaniaeth.

Ymladd eu brwydrau eu hunain a wnânt a dal ati hyd
nes llwyddo. Byddai'r disgrifiad o nain Dan yn 'Dwy
Gwningen Fechan' yr un mor addas i bob Ffanni a Jane a
Beti:

> Dynes wydn benderfynol oedd hi, dynes na chymerai 'na' hyd yn
> oed gan gi.

Yr un yw nodweddion y cwbl o'r merched hyn. Mewn
gwirionedd, un fatriarch a gawn, a honno wedi'i sylfaenu
ar Catrin Roberts, Cae'r Gors. Yn ei adolygiad ar *Rhigolau
Bywyd* yn *Y Llenor*, 1930, mae W. J. Gruffydd yn holi
'Beth yw'r farn sylfaenol yn storïau Miss Kate Roberts?'
ac yn cynnig yr ateb:

> Yn fyr, yr un ydyw ag agwedd meddwl y merched a ddarlunia hi yn
> ei gwaith, — dadrith cyflawn, cred nad yw'r 'teimladau mawr',
> serch, crefydd, cymdeithas, popeth y canwyd amdano hyd yn hyn,
> ond rhithiau ansylweddol a thros amser . . . A byd merched yw ei
> byd am mai merched bob amser sydd barotaf i gredu, ac sydd
> chwerwaf yn eu anghred wedi hynny.

Ceir rhai eithriadau, fel Doli, cyfnither Ffebi Beca, a
phlu ei geiriau'n diflannu gyda'r gwynt. Meddai Ffebi
amdani:

> Un hynaws yw Doli, yn reit hunanol yn y bôn, yn medru cymryd
> pob dim yn ysgafn. 'Rioed wedi cael plant na phrofedigaeth.

O ystyried yr holl brofedigaethau sy'n dod i rieni'r
storïau a'r nofelau yn sgîl magu plant, mae'n hawdd gweld
pam y bu i'r awdures gyplysu'r ddeubeth.
Cymeriad di-ddrwg-di-dda yw Doli, ond adar duon
iawn yw Joanna Glanmor a Miss Jones. I Ffebi, mae
Joanna 'fel pêl yn codi'r bownd wedi ei tharo' ac nid oes
modd ei sodro, ac meddai Dan am Miss Jones:

> Mae hi'n treio gwneud bwyd heb faeddu sosbenni, yn treio golchi
> heb rwbio'r dillad, ac yn treio gweithio heb dorchi'i llewys.

Yn y stori 'Heb Gyffro Mwy' (*Yr Wylan Deg*) cawn

ddisgrifiad trawiadol Magi o Melia (sylwer ar yr enw) a'i mam:

Y peth rhyfeddaf i mi am y fam a'r ferch ydoedd eu hamrannau. Yr oeddynt fel bleind yn dwad i lawr dros fwy na hanner eu llygaid, ac yn gwneud iddynt edrych fel pe baent yn cysgu ar eu traed. Mi ddeuthum i wybod cyn pen llawer o flynyddoedd y medrai Melia hel lot o bethau o dan yr amrannau hynny.

Eithriad o fath gwahanol yw Melinda, ffrind Bet *Tywyll Heno*, ac un sy'n ein hatgoffa o ferch ddelfrydol y dychymyg, y cyfeiria Kate Roberts ati yn *Y Lôn Wen:*

Yr oedd ganddi arian, digon i allu byw ar ei phen ei hun heb weithio . . . Y boen o hyd yn ein cartrefi oedd cael y deupen llinyn ynghyd. Nid rhyfedd felly fod y dychymyg yn caru rhywun nad oedd yn rhaid iddi bryderu am fodd i fyw.

Rhydd syllu ar Melinda bleser i Bet:

Yr oedd harddwch Melinda yn goleuo stryd, ei gwallt aur, ei llygaid glaswyrdd a'i chroen hufennog a'i dannedd perffaith.

Mae gweld Bet yn crwydro o gwmpas cartref Melinda wedi iddi adael am Baris, ac yn taenu ychydig ddafnau o'i phersawr ar ei hances boced, yn ein harwain i gredu bod rhywbeth cryfach nag edmygedd yn ei denu ati. Mae i'r cariad hwn (ac nid gormodiaith ei alw'n hynny), fel i bob caru, elfen o genfigen. Nid moethau cartref Melinda na chrandrwydd ei gwisg sy'n cynhyrfu Bet, ond y ffaith fod ynddi rinweddau (byddai rhai'n eu galw'n wendidau, efallai) yr hoffai hi fod yn berchen arnynt, a'r gallu i fwynhau mesur o annibyniaeth a rhyddid yn fwy na dim. Gwelir yr un elfen yn edmygedd Begw o Winni, a dyna'n rhannol sydd wrth wraidd atgasedd Ffebi o Joanna Glanmor.

Pan fo'n cyfeirio at y ferch ddelfrydol, meddai Kate Roberts:

Mae'n debyg y byddai gan ryw ddadelfennwr meddyliau rywbeth i'w ddweud am bethau fel yna.

A rheswm da am hynny. Mae Bet yn honni mai colli ei ffydd yw achos ei hiselder, ond tybed nad deuoliaeth ei chymeriad a'r anallu i fodloni'r ail hunan sy'n bennaf gyfrifol?

Cawn Kate Roberts, yn ei llythyr at Saunders Lewis, 18 Ionawr, 1927, yn trafod profiad a gawsai mewn ysgol nos:

> Mentrais ddywedyd na chawn ni na nofel na drama yng Nghymru am nad ydym yn meiddio byw. 'Beth ydach chi'n feddwl wrth fyw?' ebe hen ferch dduwiol wrthyf a llond ei llygaid o lofruddiaeth. Mae'n debig pe dywedwn yn Aber Dâr beth a olygaf wrth fyw yr alltudiad fi i ben draw'r byd.

Nadolig, 1930, derbyniodd Kate gopi o'r gyfrol *My Life* gan Isadora Duncan yn anrheg gan Saunders ac arno'r geiriau: 'Esiampl o'r fel y dylid byw.' A'i hymateb hi?:

> Mwynheais Isadora Duncan yn fawr iawn, fel gwaith dynes o athrylith a feiddiodd fyw ei bywyd ei hun. Mae pawb yn mwynhau hanes bywyd pobl od, ond pwy a faidd fyw yr un fath? (*Annwyl Kate, Annwyl Saunders*)

Fel yn hanes y gwragedd, amrywiad ar yr un fam a gawn. Meddai Ann Owen am ei mam hi:

> Mae rhywbeth yn ysgubol yn mam o dorri brechdan hyd i'w dywediadau. (*Tegwch y Bore*)

Ni all, ac ni fynn, y mamau hyn roi mynegiant i eiriau cariad, a chymryd eu bod yn coleddu'r teimlad hwnnw. Mae Lora, un o'u merched a ddadwreiddiwyd, yn ysgrifennu yn ei dyddlyfr:

> Onid yw'n beth rhyfedd ein bod mor amharod i fynegi ein teimladau gorau at ein gilydd? Pan fyddwn yn ffraeo gallwn fwrw ein teimladau casaf allan yn huawdl iawn a gollwng glafoerion ein casineb am bennau ein gilydd. Digon posibl y byddwn yn difaru wedyn. Ond ni ollyngwn ein teimladau da tuag at ein gilydd allan bron o gwbl, nac yn ddistaw nac yn huawdl. A phe gwnaem fe ddifarem wedyn o gywilydd. (*Y Byw Sy'n Cysgu*)

Cred hi mai balchder gwirion sy'n ei rhwystro rhag dweud wrth Rhys ei bod yn ei garu o waelod calon ac y byddai, wrth gyfaddef hynny, yn colli 'rhywbeth ofnadwy'.

Onid yr un oedd atalfa mamau'r cyfnod cynnar? Tybed sawl un ohonynt a rannai ofid Dafydd a Laura Parri gyda'u 'Dim' a'u dagrau poethion, o sylweddoli'n rhy hwyr gymaint mwy oedd y golled o fethu, a pheidio â dweud. Yn ôl tystiolaeth Kate Roberts, gresynai ei mam yn ei chystudd olaf na fu iddi roi mwy o amser i'w phlant, 'ond 'roedd gin i gimint o waith.'

Dynes 'blaen iawn ei thafod, os cynhyrfid hi gan rywbeth' oedd Catrin Roberts. Credai mewn dweud y plaendra, a hynny heb flewyn ar dafod. Yn y bennod 'Fy Mam' yn *Y Lôn Wen* mynn Kate Roberts nad yw dal tafod yn rhinwedd bob amser a bod pobl ddoeth 'yn aml iawn yn fradwrus.'

Gan y merched, hefyd, y ceir y sylwadau bachog a gwreiddiol. Un o'r cymeriadau ffraeth hynny yw Ann Ifans, *Traed Mewn Cyffion*, gyda'i 'da y gŵyr Duw i bwy i roi B.A.' a'i sylw deifiol, 'Wybod ar y ddaear faint o boen mae dyn yn i arbed wrth beidio â gwybod Saesneg.'

Os eithriadau yw'r merched llipa, mae'r dynion llipa yn y mwyafrif ac yn ategu sylw Enid, 'Un Funud Fach', fod rhywun 'yn tueddu i wneud dynion i gyd yr un fath â'i gilydd.' Meddwl am y Ned anffyddlon y mae hi, wrth gwrs, ond er craffu ar weithiau Kate Roberts mae'n gamp dod o hyd i'r enghreifftiau prin o ddynion sy'n werth eu hadnabod.

Amlygir diffygion y gwŷr yn wyneb dycnwch a chadernid y gwragedd. I Ifan Gruffydd, y Ffridd Felen, bodlonrwydd yw cael 'gadael i'w lygaid orffwys ar wrid y tonnau wedi machlud haul, cyn troi i'r tŷ am ei swper.' Mae'n gadael y ceryddu i'w wraig, dan yr esgus o fethu dweud. Methu, ynteu dewis peidio, tybed?:

> Dyn oedd ef na byddai pwysau gwaith yn blino dim ar ei gorff, a medrai ddyfod dros anawsterau yn y chwarel, ond unwaith y deuai rhywbeth i bwyso ar ei feddwl, âi fel bretyn.

Blinder ysbryd sy'n amharu ar dawelwch ei fywyd yw'r problemau teuluol, a phan dyrr Jane y newydd iddo fod Bertie, gŵr Sioned, wedi'i gadael yr un yw ei ymateb:

> Fel arfer, aeth Ifan Gruffydd a'i ben i'w blu. Syfrdanwyd ef ormod i ddweud dim. Ni symudodd o'r tŷ drwy'r gyda'r nos . . . Wrth weld ei gŵr mor ddistaw, meddyliai Jane na thalai i'r ddau fod. (*Traed Mewn Cyffion*)

Nid yw'r mudo i dŷ moel yn golygu fawr i Gruffydd, gŵr Ffanni Rolant, 'Y Taliad Olaf' (*Ffair Gaeaf*):

> Yr oedd yn dda ganddo adael y tyddyn a'i waith. Câi fwy o

hamdden i ddarllen, a gallai ef fod yn ddidaro wrth adael y lle y bu'n byw ynddo er dydd eu priodas. Nid felly hi.

Am y tro cyntaf yn ei bywyd priodasol, mae Ffanni mewn sefyllfa i allu gwneud y peth y bu'n dyheu am ei wneud ers degau o flynyddoedd — medru cael stamp ar ei llyfr siop a 'Talwyd' ar ei draws. Ond, a hithau ar gychwyn, nid yw Gruffydd yn trafferthu codi ei ben, hyd yn oed:

> Rhyfedd mor ddifalio y gallai ei gŵr fod. Nid oedd pwysigrwydd y munud hwn yn ddim iddo ef. Anodd credu iddo gael un munud mawr yn ei fywyd, na theimlo eithaf trueni na llawenydd.

Er bod Bet, *Tywyll Heno*, yn edmygu Gruff am ddal i gredu yn y ddynoliaeth, mae'n amau ai arwydd o gryfder yw hyn ac yn holi pa un ai ei ffydd ai ei synnwyr dyletswydd sy'n ei yrru ymlaen. Dyn cwbl ddi-liw ydyw; un sydd wedi ei ddisgyblu ei hun i gadw'r ddysgl yn wastad a thrwy hynny wedi ei amddifadu o'r gallu i geisio deall gwewyr meddwl ei wraig. Pa ryfedd fod Bet ar fin ffrwydro o atgasedd yn wyneb y fath ddiffyg?

Ewach bach anniddorol ac annioddefol yw Mr. Huws y gweinidog yn *Tegwch y Bore*, yntau, o'i gymharu â'r Mrs. Huws a'i natur wrthryfelgar:

> Yr oedd ei wyneb mor ddi-fynegiant, a'i lais mor ddibwyslais wrth siarad, fel na allai neb yn y pwyllgor ei gyhuddo o ddim gwaeth na doethineb neu ddiniweidrwydd.

Mygu'r gwrthryfel a wna Mrs. Huws, fodd bynnag, er mwyn ei gŵr, ond hi yw meistres y tŷ.

Mor wahanol yw adwaith Huw a Sal yn y stori 'Gobaith' pan ddywed y meddyg wrthynt fod eu plentyn yn dioddef o nam meddyliol. Meddai Sal:

> 'Yli, Huw, rhaid inni gymryd ein tynged.'
> 'Tynged greulon iawn, rhaid bod un ohonom ni wedi pechu.'
> 'Rydw i'n siŵr yr eith y peth bach mor annwyl yn ein golwg ni fel y bydd o fel unrhyw fachgen iawn.'
> ''Dwn i ddim. 'Roeddwn i wedi rhoi mryd ar hogyn clyfar.'

Ceir yr un gwrthgyferbyniad yn y stori 'Gorymdaith' (*Ffair Gaeaf*) lle mae Bronwen yn dal i obeithio ond Idris, ei gŵr, wedi tyfu drwyddo 'hyd surni.'

56

Methu dweud; peidio â dweud; methu ymdopi; pwdu; troi cefn; encilio — dyna hanes y gwŷr, dro ar ôl tro. Mae Ffebi'n ysgrifennu'n ei dyddiadur:

> Creadur di-gymdeithas yw dyn yn y bôn, ni fedr ddweud ei holl feddyliau wrth y nesaf ato, nac wrth yr un a gâr fwyaf. Troi mewn cymdeithas y mae, efo fo'i hun y mae'n byw.

A bod yn deg, gallai'r enw 'dyn' yn y cyswllt hwn gynnwys y ddynoliaeth yn ei chyfanrwydd, yn ôl dehongliad y storïau a'r nofelau, o leiaf.

Mae Ffebi'n ystyried John, ei brawd, yn ddyn diog a'i dafod 'yn fwy llithrig na'i ymennydd, ac yn symud yn gynt na'i draed.'

Cri Meri Ifans wrth Catrin Owen yn y stori 'Pryfocio' (*O Gors y Bryniau*) yw:

> Hen gnafon hunanol ydi dynion.

Pan wêl Catrin Owen, nad yw erioed wedi gallu dweud y plaendra, Wil, ei gŵr diog a phryfoclyd, yn eistedd wrth danllwyth o dân wedi'i gynnau â choed ei gwely, mae'n ffrwydro, ac yn bygwth mynd i'w boddi ei hun yn llyn yr Hafod. Â Wil i'w dilyn o hirbell, ac fel y mae Catrin yn oedi ar lan y llyn, mae'n gweiddi:

> 'Plymia, Cadi, plymia. Paid â bod ofn. Tydi o ddim yn oer.'

A dyna fuddugoliaeth i'r dynion, am unwaith? Go brin. Yn hytrach na'i thaflu ei hun i mewn, mae Catrin yn troi ar ei sawdl:

> Ond yr oedd y Diawl ei hun yn ei hwyneb ar ei ffordd adref.

Wrth drafod tuedd Kate Roberts i ffafrio'r diwedd clyfar yn ei storïau cynnar, haerai Saunders Lewis y byddai, wrth edrych yn ôl, yn dirmygu gorymdrech y frawddeg olaf hon.

'Hen enaid bach tila, ciabidi' na fyddai'r diafol yn rhoi ceiniog amdano sydd gan Lias, nai Nanw Prisiart. Meddwl na phrifia byth a chroen a ddeil i edrych yn ifanc dragwyddol sydd gan Bertie, gŵr Sioned. Ni wêl Elis, mab-yng-nghyfraith Wil, lawer trwy ei lygaid, o hir syllu ar un sbotyn y sgrîn deledu. Ac meddai Ann, mewn llythyr at ei ffrind, Dora, wrth ddisgrifio Richard Edmwnd:

Mae ei bersonoliaeth fel ei lygaid, ymhell yn ei ben ac yn methu dwad oddi yno.

Dyn oer, hunanol yw Aleth Meurig. Bu'n chwilio am ddiogelwch ar hyd ei yrfa a chred mai peth ffôl yw mynd i gyfarfod â thrwbl. O'r pwynt diogelwch hwnnw, mae'n rhyw lun o edmygu Iolo Ffennig am fentro 'torri'n rhydd o undonedd ei fywyd, a chael rhyw sbloet o garu.' Nid yw'r ffaith fod Lora'n gwrthod ei briodi'n mennu fawr arno. Mae perthynas Lora a Meurig yn dwyn i gof eiriau Siwan yn nrama Saunders Lewis:

Dwy blaned sy'n rhwym i'r cylchau; 'chlywan' nhw mo'i gilydd fyth.

Gellid cymhwyso'r geiriau hyn i'r mwyafrif o'r parau priod yn ogystal.

Nid yw'r bennod 'Fy Nhad' yn *Y Lôn Wen* ond naw tudalen, ond mae'r bennod 'Fy Mam' yn ymestyn i un dudalen ar hugain. Â'i 'besychiad awgrymog' y rhybuddiai Owen Roberts ei blant rhag mynd dros ben llestri. Byddai wrth ei fodd yn gwrando ac yn adrodd storïau mewn cwmni ac ymunai â'i wraig a'i blant i chwarae gemau fin nos. Yr oedd hwyl a mwynhad i'w gael ar aelwyd Cae'r Gors, ond ychydig iawn o'r llawenydd hwnnw a welwn yn y storïau a'r nofelau.

Meddai Kate Roberts am ei thad:

Chwarelwr ydoedd, a chwarelwr dan gamp.

A dyna grynhoi'r gwirionedd i un frawddeg. Dewis canolbwyntio ar y cartref, teyrnas y gwragedd, a wnaeth hi; y byd y gwyddai'n dda amdano. Yr oedd y chwarel, tiriogaeth y dynion, yn ddieithr iddi. Yn blentyn, anaml yr âi'n agos ati gan fod arni ofn edrych i waelod y twll.

Ni fu Beti Gruffydd, 'Rhigolau Bywyd', erioed yn y chwarel:

Nid oedd ganddi'r syniad lleiaf mewn pa fath o le y gweithiai ei gŵr. Y cysylltiadau nesaf rhyngddi â'r chwarel oedd tun bwyd ei phriod, ei ddillad ffustion a'i gyflog yn llwch i gyd.

Er bod y dynion yn fwy cyfarwydd â'r cartref gan eu bod yn treulio peth amser yno, y chwarel oedd eu byd. Gorfodir Dafydd Parri, oherwydd ei salwch, i gilio o'r byd hwnnw i fyd newydd, cyfyng ei aelwyd:

> Tŷ iddo ef o'r blaen oedd tŷ ar ôl gorffen diwrnod gwaith, tŷ yn
> gynnes gan ddigwyddiadau diwrnod. Nid adwaenai ef, ag eithrio
> ar brynhawn Sadwrn a dydd Sul, ond fel lle i chwi ddychwelyd ar
> ôl diwrnod o waith i eistedd i lawr a bwyta ynddo a darllen papur
> newydd wrth y tân. ('Y Condemniedig': *Ffair Gaeaf*)

Ei waith fel cyfreithiwr a ddaw â bodlonrwydd i Aleth
Meurig; ymneilltuo i'w celloedd a wna Gruff a Mr. Huws.
Nid oes yma yr un aelwyd lle y teimlir dylanwad y gŵr
neu'r tad. Gan nad eir i'w dilyn i na chwarel na swyddfa na
chell, ni chawn gyfle i ddod i adnabod yr un o'r dynion
hyn. Eithriadau yw'r Doctor, traethydd y stori 'Cyfeill-
garwch' (*Gobaith*) sy'n cyfaddef ei fod yn ddiawl cas, er
bod eraill yn gasach; gŵr Mari a'i enaid clwyfus; Nathan
Huws, 'Dau Hen Ddyn' (*Prynu Dol*) a Wil, sy'n gorfod
penderfynu ar eu liwt eu hunain beth i'w wneud â'u
bywydau.

Mae ambell un o'r rhai iau un ai'n cael eu gorfodi i adael
cartref oherwydd amgylchiadau, neu'n mynd o ddewis, fel
Twm, *Traed Mewn Cyffes*, sy'n ymuno â'r fyddin:

> Yr oedd anturiaeth yn y gwynt, a'r byd yn rhy fychan iddo yntau.
> Trawai ei benelinoedd yn ei ffiniau o hyd.

Erys un gŵr a thad yn y cof, fodd bynnag, a hwnnw'n
addas ddigon o'r un enw â thad Kate a mab synhwyrus y
Ffridd Felen, sef Owen, brawd-yng-nghyfraith Lora
Ffennig. Er mai gŵr tawel yw yntau, y mae iddo gadernid:

> Tybiai Lora nad oedd yn bosibl i'r wyneb agored, onest hwn fod
> yn ddim heblaw yr hyn a fu iddi er pan adnabu ef gyntaf, dyn y
> gallai ymddiried ei bywyd iddo.

Yn ei hymwneud ag Owen y gwelir Lora ar ei gorau ac
mae'n arwyddocaol mai â'r geiriau 'y mae'n rhaid i Owen
fendio' y mae'r nofel yn diweddu.

Peth amheuthun iawn yw trafod rhwng gwŷr a
gwragedd, a hynny'n rhannol oherwydd diffyg diddordeb
wedi'i gyplysu â'r anallu i ddeall, ar ran y gwŷr. Ond rhaid
cydnabod, fodd bynnag, fod hyd yn oed y merched sydd
ag amser i feddwl a dadansoddi teimladau yn ei chael yn
anodd iawn rhannu'r meddyliau â neb.

Eithriadau, yma eto, yw'r rhai sy'n llwyddo i ddod o hyd i'r enaid cytûn. Yn y stori 'Y Trysor' (*Gobaith*), mae Jane Rhisiart, oherwydd iddi gael ei siomi 'yn y rhai y rhoesai ei holl serch iddynt' yn dal yn ôl rhag rhannu gormod â'i chyfeilles newydd:

> Bu am hir amser yn ymbalfalu ei ffordd yn dendar i galon Martha Huws, fel petai hi'n cerdded mewn twnel, ond taflodd personoliaeth Martha ddigon o oleuni o'r pen arall yn y man iddi fedru cerdded yn hŷ.

Sylfaen y berthynas hon yw siarad a dweud, yr hyn na allodd yr un o'r ddwy ei wneud â neb arall. I Jane, 'trysor dilychwin' yw'r cyfeillgarwch. Wedi marwolaeth ei ffrind ni all y gweinidog na neb arall ddeall maint ei galar ac ni all hithau fynegi ei hangerdd am yr hyn a gollasai:

> Wrth Martha'n unig y gallasai hi ddweud am y golled a gawsai drwy ymadawiad ei ffrind.

I Enid, mae Morfudd, ei ffrind, 'fel aur', yn gefn ac yn gysur iddi. Dywed Bet am Melinda na fyddai'n ei gadael 'pe bai hi'n swp o bechod' ac er nad yw Lora bellach yn gweld Linor ond unwaith y flwyddyn, hi yw'r unig un y gall rannu ei meddyliau â hi. Mae'n ei holi ei hun yn ei dyddlyfr pam yr oedd yn hapusach wrth drafod ei thrybini efo Linor, mwy na neb arall:

> Ai am ei bod hi'n deall yn well, ai am ei bod hi'n cyd-fynd â mi?

Mae Ann, hithau, yn ysgrifennu mewn llythyr at Dora, ei ffrind coleg:

> Mae'n gwestiwn gennyf a fedrwn eu dweud (sef ei meddyliau) wrth neb heblaw ti.

Pylu a wna'r cyfeillgarwch hwn, fodd bynnag. A hithau wedi edrych ymlaen at ymweliad un a fyddai'n deall ei phryderon, mae Ann yn teimlo na fydd Dora ond draenen yn ei hystlys o hyn allan:

> Yr oedd ei ffrind wedi newid yn sicr. Daethai llinellau o boptu genau'r wyneb bach crwn llyfndew, a gallai Ann ddychmygu y byddai Dora ryw ddiwrnod yn hen wraig, flin, gwerylgar.

Ymlyniad dyn diniwed, di-liw, na all ateb yn ôl, wrth un sy'n casáu pobl ac yn credu mewn dweud y plaendra yw sylfaen perthynas ryfedd Jeff a'r Doctor yn y stori 'Cyfeillgarwch' (*Gobaith*). Piwsio'r cwmni yn y White Horse sy'n peri i Jeff sylweddoli gymaint y mae wedi ei elwa o rwbio yn y Doctor:

> Nid yw geiriau cas y dynion yn y dafarn wedi mennu dim arnaf. Pleser i mi fydd cofio byth, p'run bynnag a fendia'r Doctor ai peidio, fod eu piwsio wedi cyplysu'r Doctor a minnau efo'n gilydd.

Perthynas unigryw a geir, hefyd, rhwng y ddwy athrawes, Olwen a Miss Davies, yn y stori 'Nadolig', a gyhoeddwyd yn 1929 yn y gyfrol *Rhigolau Bywyd*;

> O bob cyfeillgarwch a fu ar wyneb daear erioed, dyma'r rhyfeddaf ym meddwl Olwen. Yr oedd Miss Davies yn ddeunaw a deugain a hithau yn chwech ar hugain.

Fel ym mherthynas Bet a Melinda, ceir awgrym, digon cynnil mae'n wir, fod y berthynas hon yn golygu mwy i Miss Davies na chyfeillgarwch cyffredin. Collodd Olwen ei chariad yn y rhyfel; troesai cariad Miss Davies ei gefn arni a phriodi rhywun arall:

> Ni siaradai Miss Davies fyth am ei chariad, ond soniai yn aml am undonedd ei bywyd, a diweddai bob tro trwy ddywedyd faint o heulwen a ddygasai Olwen iddo. Ac i selio hynny bob tro, cusan ar ei boch.

Daw cariad newydd i fywyd Olwen, ond ni fynn yr hen ferch glywed amdano. Trwy lythyr y mae Olwen yn torri'r newydd iddi ei bod am briodi Gwilym. Y noson honno, wrth iddi ymlwybro am y stesion i gyfarfod â'i chariad, mae'n sylweddoli beth a olygai derbyn ei llythyr i Miss Davies:

> Aeth ei choesau i grynu, teimlai fel Judas, sut bynnag y teimlodd hwnnw pan fradychodd ei Arglwydd. Clywai'r trên yn dyfod i mewn. Fel y torrai ei waedd ar ei chlyw, aeth rhywbeth fel cyllell drwy ei henaid hithau. Gwelai ddynes o fewn dwyflwydd i'w thrigain yn sefyll yn ei thŷ ar fore Nadolig a bob bore ar ôl hynny byth yn unig, a llenni a chlustogau wedi colli eu lliw ac wedi gwywo yn gefndir iddi.

Cymer y darlun hwn ei le mewn oriel o ddarluniau sy'n cyfleu'r unigrwydd a ddaw i ran y mwyafrif o ferched y storïau a'r nofelau, oherwydd yr anallu i rannu pryderon a gofidiau a'r amharodrwydd i ymddiried yn eraill. Mae Lora Ffennig yn ysgrifennu yn ei dyddlyfr:

> Arnaf fi y mae'r bai, yr wyf yn ddwl yn disgwyl i neb ddeall, ddim mwy nag y buaswn innau'n deall teimlad rhywun arall.

Efallai nad anallu mohono, mewn gwirionedd, ond yn hytrach ysfa fel un y wraig yn y stori 'Dewis Bywyd' (*Prynu Dol*) am gadw llyfrau tywyll profiadau chwerwddwys ei byw iddi ei hun:

> Ni allai fod hebddynt. Yr oedd wedi eu magu a'u hanwesu, ac yr oeddynt wedi mynd yn hoffus ac yn annwyl ganddi, mor annwyl fel na allai eu tynnu allan.

5

SURNI YN Y STUMOG

Gellir rhannu cymeriadau'r storïau a'r nofelau i ddau ddosbarth, sef y ni a'r nhw. Nid y rhaniad cyffredin rhwng pobl y capel a'r byd, y parchus a'r ciari-dyms mohono, fodd bynnag. Y ni yw'r rhai sy'n adlewyrchu personoliaeth yr awdures ac yn rhoi tafod i'w hadwaith hi i'r byd o'i chwmpas; y nhw yw'r gweddill, yn llipa, ddi-asgwrn-cefn neu'n hunanol atgas. Ni fynn y ni adnabod y nhw ac nid oes ganddynt ronyn o gariad tuag atynt, mwy nag sydd gan yr awdures ei hun. Mae Ffebi Beca'n ysgrifennu yn ei dyddlyfr:

> Mae'n amhosibl caru pawb, yn wir, mae'n amhosibl teimlo gronyn o garedigrwydd tuag at rai pobl. (*Stryd y Glep*)

Ond yn y stori 'Blodau' (*Prynu Dol*) y ceir y sylw mwyaf eironig, gan Gwen Huws, yr hen wraig sy'n cyfaddef wrth ei gweinidog y gall gasáu pobl 'hyd at wasgu'r bywyd allan ohonyn nhw':

> 'Rydan ni'n gweld bai ar bobl heb wybod dim o'u hanes nhw, na dim o'u meddyliau nhw.

Yn y cyfweliad â Gwilym R. Jones yn *Yr Arloeswr*, 1958, dywed Kate Roberts ei bod yn argyhoeddedig na all nifer o bobl gyd-fyw heb fynd ar wynt ei gilydd a chrafu ar ei gilydd. Adleisir hyn yn y stori 'Penderfynu' (*Hyn o Fyd*, 1964) pan ddywed Wil wrth Luned ei ferch ei fod yn deall pam y mae Elis, ei gŵr, yn blino arno 'fel rhyw ffigiwr arall yn i dŷ o.' Meddai ymhellach:

> 'Da y dwedodd rhyw ddyn o Ffrainc mai pobl erill ydy uffern.'
> 'Mi all'sa ddweud mai pobl eraill ydy nefoedd hefyd.'
> 'Na, mi'r ydw i'n meddwl i fod o'n nes i le. Blino a syrffedu yr ydan ni, a bedi hynny ond uffern.'

Hunan-fodlonrwydd Joanna Glanmor sy'n cythruddo Ffebi. Ni wna'r olwg hapus sydd arni ond chwyddo'i chasineb, ond ni fynn gyfaddef beth sydd wrth wraidd ei hatgasedd tuag at Miss Jones:

> Ni dda gan yr un ohonom mohoni. Ac ni fedrwn roi ein bys ar unrhyw ffawt ynddi chwaith. Mae rhai pobl fel yna.

Yn dilyn cyhuddiad Miss Jones, mewn ffit loerig, mai 'hen gnawes ddrwg' yw Ffebi, mae'n ei holi ei hun a yw'n ddynes ddrwg. Daw i'r casgliad mai peth da yw cael sgytwad i'r enaid weithiau 'a cheisio ein gweld ein hunain a'n hymddygiad fel y gallent ymddangos i eraill, er i eraill yn ein barn ni fod yn ein camfarnu.'

Nid yw'r hunan-ymholiad hwn yn llareiddio dim ar ei chasineb, fodd bynnag. Mae'n ysgrifennu:

> A ydym wedi ein tynghedu i gasáu rhywun neu rywbeth ar hyd ein hoes? Ai yn y bedd y ceir diwedd ar bob casineb a diwedd ar yr holl feddyliau yma sy'n rhedeg fel meirch gwylltion drwy fy mhen? Ac eto, wrth aros i feddwl peth mor braf fyddai cael gwared o'r holl feddyliau yma a'r holl gasáu, gofynnaf i mi fy hun a fyddwn yn hapus wedyn. Ond ydym yn hoffi casáu? Onid ydym yn nofio yn ei ddedwyddwch?

Gellid dadlau mai salwch ac anabledd corfforol Ffebi a Gwen Huws sy'n cyffroi'r teimladau o genfigen a rhwystredigaeth, ond onid yw'r casineb hwn yn rhan annatod o gymeriad y naill a'r llall? Dywed Gwen Huws wrth y gweinidog iddi gredu bod henaint wedi lliniaru'r casineb, gan ychwanegu, 'ond 'dydi o ddim':

> Mae o'n beth digri bod rhychau poen ac ôl gwaith yn mynd o'n gwynebau ni, ar ein gwelyau cystudd yn ein henaint, ond bod hen deimladau cas yn dwad yn ôl.

Anwybodaeth pobl sy'n cynhyrfu'r Doctor. Iddo ef, y mae casineb 'fel bywyd ym mos cyw 'deryn cyn iddo fagu plu', ac mae'n rhaid cael ei wared.

Nid Lora Ffennig yn unig sy'n casáu'r Mrs. Amred, a aeth â'i gŵr oddi arni. Mae'n teimlo nad oes raid iddi genfigennu wrthi gan mai 'tegan caled yw hi heb deimlad o gwbl':

> Mae hi'n siarad am farw rhywun fel petai hi'n sôn am y tywydd, ac yn siarad am y tywydd fel petai hi'n sôn am dynged dyn.

I Loti Owen yr oedd Mrs. Amred 'yn un o'r bobl a gasâi

heb eu hadnabod. Yr oedd ei hwyneb yn ddigon.'
Rhyddhad i Aleth Meurig yw cael gwared â'i wraig cadw
tŷ:

> Yr oedd tunnell o hunanoldeb wedi mynd oddiar ei wynt. Buasai
> gan gwsmeriaid y Red Lion air anweddus gweddus am un o'i bâth.
> Llygaid tegis a oedd ganddi yn dawnsio gan ryw ddisgleirdeb yn
> perthyn i'w llygaid ac nid i'w theimlad.

Ni pherthyn yr un owns o ddaioni i Mrs. Amred nac i
Esta, chwaer Iolo, a'i fam. Dwy hen gnawes ddichellgar
ydynt, yn ddall i ffaeleddau'r mab a'r brawd.

Nid oes brinder cymeriadau duon o'r fath o fewn y
gymdeithas drefol. Fe'u gwelwn, fel unigolion, neu aelodau
o gymdeithas, y capel yn fwyaf arbennig, trwy lygaid
Gwen Huws, gŵr Mari a Bet, a sawl un arall. Ond er mai'r
ni sy'n y mwyafrif yng nghongl bach y bywyd, daw ambell
un fel Mrs. Huws, gwraig y gweinidog, yn *Te yn y Grug*
gyda'i llais 'sych a chaled' a'r ddwy Sioned a Doli, *Traed*
Mewn Cyffion, i daenu cysgodion dros y darlun.

Bwyd a diod Sioned Gruffydd, y nain, yw 'ymgecru a
chredu yn ei pherffeithrwydd ei hun'; balchder cwbl
hunanol yw gwendid pennaf Sioned, ei wyres, a Doli,
Rhyd Galed. Y meddwl cyntaf a ddaw i Sioned pan glyw
am farw'i nain yw 'a edrychai'n dda mewn du?'

Daw henaint i lareiddio rhyw gymaint ar ysbryd Sioned
Gruffydd ond ni fydd Doli byth farw tra bydd ei merch,
Gwen, yn fyw.

Yn y nodiadau darlith, 'Problemau Llenor', ceir y sylw
hwn:

> Yr un elfennau yng nghymeriad pob dyn. Du a Gwyn — lliwiau
> pendant i'r gwerinwr.

Ac nid i'r gwerinwr yn unig, fel y dengys yr engreifftiau
uchod.

Gwelai Kate Roberts yr elfennau hynny yn nofelau
Thomas Hardy, ac yn ei allu i greu cymeriadau wyneb yn
wyneb â ffawd yr oedd ei fawredd iddi hi. Mae'n cyfeirio
fwy nag unwaith, fel y nodwyd eisoes, at y ffaith mai
arlunydd yn hytrach na ffotograffydd yw'r llenor. Ond
onid oes yma doreth o ddarluniau camera lle mae düwch

y gwrthrych yn toddi i ddüwch ei gefndir? Yn y nodiadau hyn, mae'n haeru:

> Rhaid i'r crëwr adnabod pob smic o symudiadau ei gymeriadau, eu ffroeni a gwybod beth a wnânt ym mhob amgylchiad.

Gwnaed hynny gyda'r ni, ond cafwyd y gweddill yn euog heb roi cyfle iddynt achub eu cam. Ni wneir unrhyw ymdrech i'w deall na cheisio egluro beth sy'n gyfrifol am eu dweud a'u gwneud.

Cadw pellter oddi wrth y nhw, eu dioddef yn rwgnachlyd, neu daro ergyd am ergyd weithiau a wna'r ni. Mae mam Begw yn sodro Mrs. Huws â'i sylw deifiol, Gwen Huws yn llwyddo i beri i bletiau'r gwenau ddiflannu oddi ar wyneb Mrs. Jones, gwraig y dyn gwneud eirch, â'i hatebion miniog, a Jane Gruffydd yn llwyddo i roi taw ar ei mam-yng-nghyfraith.

Yn y sgwrs rhwng Jane a Sioned Gruffydd, mae'r gwreichion yn tasgu wrth i dafod hogi tafod. Meddai'r hen wraig am Doli, cyn-gariad Ifan:

> 'Hogan nobl iawn ydi Doli.'
> Teimlai Jane holl ddicter ei natur yn codi i'r wyneb.
> 'Do, mi fuo'n nobl iawn wrthoch chi, i chi fedru cadw Ifan cyd.'
> 'Mi 'roedd hynny'n lwc i chi.'
> 'Wada i ddim o hynny, a fedrwch chitha ddim gwadu na fuo hynny'n fwy o lwc i chi.'
> 'Mi fasa Doli wedi gneud gwraig dda iddo fo.'
> 'Ac mi fasa Ifan wedi gneud gŵr da iddi hithau, ond mi wnaeth well mab i chi.' (*Traed Mewn Cyffion*)

Y byw cymdogol sy'n cydio'r ni o fewn y filltir sgwâr, yn allanol, o leiaf, ond ni cheir fawr o undod rhwng aelodau dosbarth y ni trefol mewn na chartref na chymdeithas. Mae rhywbeth mewn pobl yn codi gwrychyn Ann Owen yn barhaus, ac yn peri iddi ofyn:

> Tybed ai dyna'r dioddef mwyaf — dioddef pobl?

Syndod iddi yw fod dod i 'nabod pobl yn brifo cymaint. Er iddi gytuno â Bess, ei chyd-athrawes, y gall fod fel arall hefyd, teimlad cynnes, braf y munud sy'n ei hysgogi i wneud hynny.

Meddai Sam wrth Wil, yn y stori 'Dau Grwydryn' (*Yr Wylan Deg*):

'Marn i ydi, petaen' ni'n mynd ar y ffordd, ymhen tipyn mai gweld
pobol anodd 'u diodde y basan' ni yno hefyd. Fedri di ddim cael
gwared o bobol.

Yn *Y Traethodydd*, Ebrill 1973, dewisodd John H.
Watkins adolygu *Prynu Dol* a *Diweddgan*, cyfieithiad
Gwyn Thomas o *Fin de partie*, Samuel Beckett, ar y cyd.
Yr un hen gwestiynau ynglŷn â phwrpas ac arwyddocâd
bywyd sy'n blino'r ddau wrth ystyried tynged dyn yn
wyneb gormes Amser a'i waddol o boen a diflastod. Clywn
yng ngweithiau'r naill a'r llall adlais o gri Ann Owen
Tegwch y Bore fod 'rhywbeth o'i le ar y drefn', ac eto rhaid
bod gan y ddau awdur, fel y dywed Mr. Watkins, 'er
gwaethaf eu gofid a'u poen, gyfoeth diderfyn o ewyllys da
at eu cyd-ddynion.'

Hyd yn oed yn y stori 'Teulu Mari' (*Hyn o Fyd*) ymateb
dynol a geir gan yr anifeiliaid ac yma eto pwysleisir cred yr
awdures nad oes modd dianc oddi wrth bobl.

Cais Lora ddianc o 'stryd fyglyd, straegar y dref' i'r
wlad, gan dybio ei bod yn amhosibl i bobl bwyso cymaint
ar ei gwynt yno, ond daw i sylweddoli'n fuan:

Ym mha le bynnag yr oedd pobl, yno yr oedd gwrthdaro beunydd.

Mae'r frawddeg hon, sy'n darllen fel adnod, wedi ei
serio ar feddyliau mwyafrif llethol y cymeriadau. Yr un yw
credo'r siopwr yn 'Cwsmeriaid' (*Yr Wylan Deg*):

Mae yma gyfle ardderchog i ddwad i adnabod pobl, cyn belled ag y
medrir adnabod pobl o gwbl. Mi fyddaf i yn meddwl weithiau nad
yw'n bosibl adnabod pobl er i chi fyw am ddegau o flynyddoedd
efo hwy.

Mynn Elen, yn y stori 'Cathod mewn Ocsiwn' (*Hyn o
Fyd*) fod yn rhaid i rai pobl farw cyn y deuir i'w hadnabod.

Nid yw'r Doctor yn rhy siŵr ai casáu anghyfiawnder y
mae ynteu casáu awdur yr anghyfiawnder, hynny yw, yn ôl
ei ddehongliad ef o'r hyn sy'n anghyfiawn. Defnyddir y
cymeriadau hyn i leisio barn bendant, ac unllygeidiog
weithiau, ac ni roddir cyfle i'r rhai a bardduir ateb yr un
cyhuddiad.

Er eu parodrwydd i feio eraill ni allant hwy ddygymod â
beirniadaeth a cheir enghreifftiau lluosog o'r taro'n ôl

geiriol, sy'n adleisio ymateb chwyrn yr un a'u creodd i unrhyw feirniadaeth ar ei gwaith, fel y gwelir yn ei llythyrau at Saunders Lewis.

Nid oedd, fodd bynnag, yn brin o ddweud y plaendra mewn beirniadaethau ac adolygiadau, fel y tystia'r dyfyniad hwn o'r *Faner*:

> Mae ei sylwadau ar straeon a nofelau cyfoes yn graff anghyffredin. Y mae Miss Roberts yn un o'r ychydig hynny ohonom sy'n mentro dywedyd y gwir noeth, digied a ddigio. Nid yw'n hitio botwm corn yn neb, a pha raid iddi?

Nid oedd arni ofn na chywilydd dweud ei bod yn casáu rhai pobl ac ni cheisiai gyfaddawd â neb, er ei bod yn ymateb yn hael i garedigrwydd, clod a ffyddlondeb. I fechgyn y dref, Mrs. Williams y Cilgwyn ydoedd, hen wraig a fyddai'n eu gwahardd rhag beicio ar y llwybr bach a âi heibio i'w thŷ. Ysgrifennodd Bryn Rowlands, un o'r bechgyn hyn, am y wraig wallt gwyn, miniog ei brath, mewn erthygl fer gelfydd yn *Barn*, Mehefin 1980. Er nad yw cof plentyn wedi pylu, y mae bellach wedi ei dymheru â dealltwriaeth a thosturi:

> Ni allodd y cyffredin ohonom synhwyro fod yn Mrs. Williams y Cilgwyn, o dan y cyfarth a'r pigo, haen o deimladrwydd cleisiadwy na roddwyd mohono ond i ychydig iawn o blant dynion. Dioddefodd yn arw o'i herwydd, a chododd gaerau i geisio ei guddio. Ond ohono creodd fyd tragwyddol ei dychymyg. Y byd y cawn gip arno dan enw Kate Roberts.

Mrs. Williams oedd hi i lawer o bobl y Capel Mawr hefyd. Yn yr un rhifyn o *Barn*, mae Cynwil Williams, ei chyn-weinidog, yn rhyfeddu sut y bu iddo ef ac aelodau'r capel 'fedru eistedd mor gysurus yn ei chwmni.' Ambell noson, byddai arno ofn agor y seiat, neu'r cylch trafod, fel y galwai Kate Roberts ef, o wybod ei bod mewn hwyl dryllio'r delwau. Deuai'r mân bechodau, yn ogystal â chybydd-dod a rhagrith, o dan yr ordd a bodlonai'r cwmni ar adael iddi hi gael y gair diwethaf. Yn y cylchoedd trafod hyn y clywodd Cynwil Williams y wraig a'i dysgodd i adnabod natur dyn ac 'i bregethu'r ffydd yn ddigyfaddawd' yn diffinio gras fel 'Duw yn ein godda ni' ac yn holi'n gyson: 'Petaem yn dechrau dweud y gwir am ein hunain a'n gilydd, pwy fyddai'n medru aros yma?'

Mewn cyfweliad â'r Parch. Lewis Valentine yn *Seren Gomer*, 1963, meddai Kate Roberts:

> Yr wyf yn ddynes groendenau, ac mae pethau yn fy mrifo. A oes rhywun yn gallu ysgrifennu heb fod bywyd yn ei frifo? Onid dyna'r symbyliad i ysgrifennu? Cael mynegi rhywbeth er mwyn cael gwared o'r boen . . . Mae llawer iawn o bob awdur yn ei gymeriadau, rhai ohonynt beth bynnag. Tafliad (projection) ohonoch chwi eich hun yn aml yw eich prif gymeriad: rhowch eich meddyliau chwi eich hun yn ei enau.

Er bod hyn yn anochel, i raddau helaeth, mae'r un tafliad cyson yn esgor ar ddarlun anghytbwys o gymdeithas ail hanner y ganrif. Mae pawb o'r nhw yn mynd ar eu pennau i ddistryw ac nid oes obaith am achubiaeth i'r un ohonynt. Gan nad oes ofod yma i gyfeirio at y llu enghreifftiau, caiff Nathan Huws a gŵr Mari, dau gymeriad o'r gyfrol *Prynu Dol*, a Bet *Tywyll Heno* roi tafod i'r feirniadaeth ddeifiol ar y byd o'u cwmpas.

Wrth iddo edrych ar y cwpl ifanc yn y dafarn, mae Nathan yn teimlo 'fod yna ddarn mawr o fywyd na wyddai ef ddim amdano, a hwn oedd bywyd y mwyafrif heddiw.'

Yn ei storïau, canolbwyntiodd ef ar ei orffennol a chysur plu'r gweunydd a blodau'r grug:

> Ond erbyn hyn nid oedd plu'r gweunydd na blodau'r grug yn cyfrif dim. Pawb am yr hylla yn ei chwaeth, yn ei ymddangosiad personol, yn ei iaith a phopeth. Yr oedd wedi ysgrifennu am bobl a chanddynt asgwrn cefn, ac wedi cyrraedd oes pan oedd sliwod yn ceisio dal y byd i fyny.

Gweld pawb mor hunan-fodlon, 'neb yn poeni dim a'r byd i gyd yn mynd i Uffern' y mae gŵr Mari. Wrth gyfeirio at Wil, un arall nad oes rithyn o ddaioni'n perthyn iddo, meddai:

> 'Dydi'r ffaith fod Cymru wedi mynd yn seitan o dan draed barbariaid yn poeni dim arno fo, na'i bod hi wedi mynd yn rhan o ryw fyd mawr fel anialwch a'i lond o o bobol ddwl yn sathru traed i gilydd. 'Dydi'r byd drwg, efo'i feddwi, godinebu, twyllo, gwario, aml-wreica, byd sy'n ddim ond lwmp o bechod, yn poeni dim arno fo 'chwaith. Byd o anialwch gwag.

Gŵr sy'n dioddef o salwch meddwl yw gŵr Mari;

gwraig sy'n dioddef o iselder meddwl yw Bet. Cyplysu'r
pawb ag uffern a wna Bet, hithau:

> 'Does yna ddim crefydd heddiw mae pawb wedi 'i gadael hi a
> mynd i ffordd i hunain i uffern pobl y capel ydy'r gwaetha
> ohonyn' nhw i gyd am i bod nhw'n cymryd arnyn' i bod nhw fel
> arall . . .

Mae hyn yn adleisio sylw Kate Roberts yng Nghym-
deithas y capel:

> Ddoe, 'roedd popeth mor brin, a phobl yn gwerthfawrogi'r cyfan.
> Heddiw, mae pawb yn cael popeth, a gwerthfawrogiad mor brin.

Eto, yn ei herthygl 'Pobl Ieuainc a Chrefydd' a
gyhoeddwyd yn *Y Faner* yn 1965, mae'n haeru mai 'un o'r
pethau mwyaf annheg a diresymeg yw gwneud gosodiadau
ysgubol cyffredinol am gymdeithas gyfan o bobl.'

Dywed fod rhai pobl ifainc ystyriol a meddylgar i'w
cael, ond anaml iawn y ceir cip arnynt yn y gweithiau
llenyddol. Mae'r fam ifanc ar y bws yn y stori 'Prynu Dol'
yn gwisgo 'côt haearn o hunanoldeb amdani' a'r hen wraig
yn yr un stori yn defnyddio 'hen eiriau anghofiedig yr iaith
Gymraeg' wrth siarad efo'r ci, er na fyddai hwnnw'n deall
'ddim mwy na phobl ieuanc yr oes bresennol.' Yn
'Dychwelyd' (*Gobaith*) mae'r criw bechgyn yn plagio'r
hen wraig ac yn gweiddi'r 'iaith futraf a glywsai erioed,
iaith rhy fudr i'w hail-adrodd.' Rhai di-ddiolch a di-
feddwl yw mwyafrif y plant, ar wahân i rai eithriadau fel
Owen, y Ffridd Felen, a'r fersiwn iau ohono, Rhys
Ffennig.

Cymdeithas y capel a ddaw o dan y lach fynychaf.
Cymharol ychydig o sôn am y gymdeithas honno, yr oedd
y mwyafrif yn aelodau ohoni, a geir yn storïau a nofelau'r
gongl fach. Prin yw'r feirniadaeth arni, er i Winni agor y
llwybr i Bet, gŵr Mari, a Mrs. Huws, *Tegwch y Bore*,
gyda'i llafar-ganu:

> 'Gosod seti i bobol fawr,
> Gadael tlodion ar y llawr.'

Os hunanoldeb yw'r pechod gwreiddiol, mae'r rhagrith
sy'n deillio ohono yn dynn ar ei sodlau. Meddai Bet wrth
Gruff wrth drafod y cyfarfod gweddi: 'Annerch y maen'

nhw, siarad er mwyn clywed eu lleisiau eu hunain. Rhagrith ydy'r cwbwl.' Yn ei sgwrs â'r meddyg, dywed mai'r hyn a barodd iddi ffrwydro'n y seiat oedd y rhagrith a'r hunan-fodlonrwydd. Ni allai gredu, meddai, fod ffydd yr aelodau wedi costio dim iddynt.

Er bod Gruff yn mynnu nad oes ganddynt hawl i farnu pobl gan mai pechaduriaid yw pawb, mae yntau'n mentro mynegi barn bendant yn ystod y drafodaeth yn y bwthyn:

Yn erbyn ffyliaid yr ydan ni'n ymladd ac nid yn erbyn y Diafol, a 'does gan ddylni ddim arfau.

Mae'n cyfaddef wrth Bet ei fod wedi mynd i feddwl 'mai Cristnogion ydy'r bobl anhawsa i fyw efo nhw.' Iddi hi, babis yw'r ffyliaid hyn ac nid oes gan bregethwr ddewis ond mynd yn fabïaidd i'w canlyn.

Ni all Mrs. Huws ddychmygu 'am ddim gwaeth na chapel i wneud ych gwely ynddo fo.' Adleisio geiriau Gruff a wna hithau, gan ddefnyddio'r gair duwioldeb yn hytrach na 'Cristnogion'. Iddi hi, rhagrith yw duwioldeb llawer o bobl y capel (ond nid pawb, sylwer) ac er nad yw'n amau duwioldeb ei gŵr fe'i gwêl 'fel ci ar olwyn gorddi, yn dal i weithio a'i dafod allan, heb symud dim a'i aelodau o fel yr olwyn ei hun yn dal i droi yn i hunfan.'

Yn ôl gŵr Mari, fodd bynnag, nid oes neb clwyfus yn y capel:

Maen' nhw i gyd yn cario'u bloneg ar du blaen eu boliau ac yn gweiddi canu ar dop i llais am yr enaid trist; ddim yn dallt o gwbwl, na, ddim yn teimlo, mae'u crwyn nhw fel croen, fel croen, na 'dydi croen yr un anifail ddim mor dew â chrwyn pobol.

Cytunai Kate Roberts â sylw'r Parch. Lewis Valentine mai 'darlun go enbyd' yw'r un a dynnodd hi o fywyd y capel gan ychwanegu mai fel yna y gwelai hi bethau ac mai 'pobl yn rhoi o'n gweddill ydym.' Fel y mae priodas, i Lora Ffennig, yn golygu rhannu'r cyfan, mae'r efengyl yn gofyn inni roi'r cwbwl. Pa ryfedd, felly, fod y methiannau mor lluosog a'r feirniadaeth mor llym?

Mae'r ddau air 'casineb' a 'chasáu' yn brigo i'r wyneb, dro ar ôl tro. Meddai Ann Owen:

Peth poeth ydi casineb.

Cyfeiriwyd eisoes at boethder casineb Gwen Huws. Mae'n wir ei fod yn cynnwys elfen o hunan-gasineb ond gall hi esgusodi hwnnw trwy ddweud iddo ddeillio o'i pharodrwydd hi 'yn rhoi ei chalon yn ddifeddwl i bawb, fel petai hi'n syrthio mewn cariad efo pawb y tro cyntaf y gwelai hwynt, yn eu caru ormod ac yn cael ei dadrithio.'

Ceisio 'caru pobl yn ddall' a wna'r Doctor, yntau, a methu oherwydd ei fod yn gweld pethau cas ynddynt wrth ddod i'w hadnabod. Mae casineb, iddo ef, yn fwyd a diod ac yn sbardun tuag at fyw.

Sbardun arall at fyw yw anfodlonrwydd. Dywed Mrs. Huws wrth Ann fod gobaith i'w brawd wneud rhywbeth os yw'n anfodlon ar ei le yn y dref gan nad yw bywyd tawel erioed wedi gwneud i neb feddwl llawer.

Mae hyn yn ein hatgoffa o feddyliau Owen yn *Traed Mewn Cyffion* a'r pwyslais ar y gwneud yn hytrach na derbyn a dioddef, ond ychydig yw'r rhai sy'n gallu gweithredu a chadw'u pwyll.

Yng nghanol yr holl hunan-ymholi ac ymdrech yr enaid i chwilio am ryw fath o ymwared, daw eiliadau o sylweddoli bychander dyn, yn arbennig yn wyneb gormes Amser. Yn ei ysgrif yn *Barn*, mae Cynwil Williams yn cyfeirio at sylw Kate Roberts yn y seiat:

> Mae cyfnodau ym mywyd dyn, ac mae dyn yn wahanol ym mhob cyfnod. Henaint yw'r cyfnod hwnnw pan y gwêl nad yw cyfraniad dyn yn ddim.

Wrth edrych yn ôl ar y min nos a'r trafod a fu, mae Ffebi Beca'n ei holi ei hun beth oedd arwyddocâd y cyfan ac yn cynnig yr ateb:

> Dim, ond un noson arall a'i siarad gwag wedi mynd i lawr efo'r afon i'r môr.

Fe'u gwêl 'fel rhyw fân bryfed yn gwau drwy ein gilydd, yn rhwbio yn ein gilydd, ac eto yn sôn am ein gilydd mor bwysig â phe baem yn echel i'r byd.'

Mae Wil yntau, yn sylweddoli nad oes dim a ellir ei wneud i atal y newid o fewn y byd hwnnw, dim ond sefyll yn yr unfan 'ac edrych arno'n mynd, fel ci ar olwyn gorddi, yr olwyn yn mynd a'r ci yn tuthio yn ei unfan', fel y gwnâi Dan Huws, *Tegwch y Bore*.

Yn ei llythyr at ei wyres, mae'r nain yn ei chynghori i fwynhau'r presennol ac i beidio ag edrych dros ei hysgwydd gan mai'r 'peth gwirionaf a wna neb yw edrych yn ôl.' Iddi hi, yn ei henaint, mae'r doe, yr heddiw a'r yfory yn un clwt bychan o rywbeth na fedr ei alw'n amser:

> Ymddengys i mi heddiw fod y clwt yma yn un ddigon llwyd ac wedi ei wasgu rhwng dau glwt eang di-derfyn, na fedraf eu galw'n ddim ond yn dragwyddoldeb.

Meddwl am y tragwyddoldeb hir hwnnw a barai i'r Kate fach grio'n ei gwely.

Rhybuddio Robin, brawd Begw, i beidio â deisyfu'i oes a wna'r fam:

> Mi ddaw hi'n amser cnau yn hen ddigon buan. Aros di nes doi di i f'oed i. (*Te yn y Grug*)

Ond cynnig rhyw fath o gysur i Rhys, y brawd arall, a wna Nanw Siôn:

> Taw, 'machgan i, mi eith y Dolig heibio fel pob dim arall. 'D ydi amsar diodda nag amsar petha braf ddim yn para'n hir. (*Te yn y Grug*)

Mae hiraeth ugain mlynedd Wil am Nel, ei wraig, wedi caledu ac oeri, ond yn dal yno. Iddo ef, rhywbeth i hiraethu ar ei ôl yw amser o hyd; yn braf wedi iddo fynd heibio.

I Aleth Meurig, 'dangos, profi yr oedd Amser (sylwer ar y brif-lythyren) o hyd; dangos i ddyn sut i anghofio oedd y baich mwyaf a gariai dros bobl.' (*Y Byw Sy'n Cysgu*)

Cyndyn iawn yw'r cymeriadau o adael i Amser gario'r baich hwnnw, fodd bynnag.

Wrth edrych yn ôl dros ei hoes faith, mae'r nain yn y stori 'Yr Apêl' (*Yr Wylan Deg*) yn gweld 'ei feithder wedi ei grebachu'n ddim, fel y gwelsoch chi gyrnhonyn wedi digwydd cael ei ferwi yn crebachu'n ddim.' Bellach gall map mawr y gorffennol ffitio ar gledr ei llaw.

Mewn llythyr at Saunders Lewis, cawn Kate Roberts yn trafod cyfrolau hunangofiannol Simone de Beauvoir. Meddai:

> Darllenais adolygiad ar y drydedd gyfrol a deall ei bod yn arswydo rhag henaint. Amlwg nad oes ganddi ddim i syrthio'n ôl arno. Ni

welaf fi fod yn rhaid i neb ofni henaint. (*Annwyl Kate, Annwyl Saunders*)

Darlun digon trist o henaint a geir yn ei gweithiau, fodd bynnag. Meddai Loli am hen wraig y Garreg Lwyd:

> Mi ddiweddaf fy oes yr un fath a Nain, reit siŵr, yn faich ar bawb. (*Laura Jones*)

Mae'r hen wraig yn y stori 'Dychwelyd' (*Gobaith*) yn sylweddoli 'nad oedd hi yn da i ddim erbyn hyn, dim ond rhyw hen greadur oedd yn destun gwawd i labystiaid o hogiau ysgol.' Onid yr un teimlad o fod yn da i ddim a geir yn nodiadau dyddiadur yr awdures yn 1982?

Nid yw'r canpunt yn y banc o unrhyw gysur i Nanw Prisiart gan nad oedd arni 'eisiau chwarae marblis na phrynu het newydd byth eto.' Er mai yn y gyfrol *Haul a Drycin*, a gyhoeddwyd yn 1976, yr ymddangosodd y stori hon, fe'i hysgrifennwyd yn ôl yn 1949. Mae Kate Roberts, hithau, yn ysgrifennu'n ei dyddiadur ar Ebrill 24, 1978:

> Cael £129 am fy llyfrau Saesneg heddiw. Ond i beth maent yn da? Ni fedraf fynd allan i'w mwynhau.

Yn yr un dyddiadur, mae'n cyfaddef ei bod yn teimlo'n sobr o ddigalon, heb weld dim o'i blaen 'ond mynd ymlaen fel hyn o'r naill ddydd i'r llall' ac ar Chwefror 13 mae'n ysgrifennu:

> Diwrnod fy mhen blwydd yn 87. Teimlo'n hen ofnadwy.

Er nad yw Marged Parri, 'Te P'nawn' (*Gobaith*) ond trigain oed, nid oes ganddi, meddai, ddim i edrych ymlaen ato. Gellir clywed chwerwder cenfigen yn mud gorddi o'i mewn wrth iddi ddweud am Enid, ei hwyres:

> Digon hawdd iddi hi siarad, pan mae pob fory iddi hi fel cannoedd o lygod bach yn dwad allan o'u tyllau i'r twllwch, yn llawn digwyddiadau.

Syrffed yw poen fwyaf yr hen wragedd yng nghartref Plas Llŷr ac i Wil nid oes dim mwy digalon 'na cherdded di-amcan hen bobol heb unlle i fynd.' Mae Wil, fodd bynnag, yn un o'r ychydig sy'n llwyddo i ddod o hyd i ffordd ymwared a daw'r mesur o annibyniaeth â sicrwydd na fydd raid iddo ddiweddu ei oes fel nain Garreg Lwyd neu fel hen wragedd y cartref, a'u dyheu ofer am eu haelwydydd eu hunain.

Prin iawn yw'r cymeriadau sy'n derbyn henaint yn dawel-oddefgar. Mae'r hen wraig yn y stori 'Dychwelyd' (*Gobaith*) wrth ei bodd yn clywed y dyn a ddaw i'w hamddiffyn rhag y criw bechgyn yn ei galw'n hogan. Er iddi weld claddu pawb o'i theulu, ni fedrodd Nanw Prisiart 'erioed ddygymod ag Angau ac nid oedd arni eisiau marw.' Gorfodaeth yw ildio i ormes Amser a chlywn yma eto adlais mynych o'r 'Biti ynte?'

Y darlun mwyaf cofiadwy o henaint, ac un cwbl unigryw, yw hwnnw o hen wraig y Llain Wen, a sylfaenwyd ar nain yr awdures, yn y gyfrol *O Gors y Bryniau*, a gyhoeddwyd yn 1925. A hithau wedi colli ei chof, nid yw na syrffed na digalondid nac unigrwydd yn ei chyffwrdd ac nid yw amser yn golygu dim iddi. Efallai, fel y dywed gŵr Mari, fod yn 'well i ddyn fynd o'i go' pan mae o'n ifanc na phan mae o'n hen' gan nad oes ganddo fawr i'w gofio bryd hynny, ond gall colli'r co' fod o fendith i rai.

Ar ddiwedd *Y Lôn Wen*, mae Kate Roberts yn holi tybed a fydd hi fel ei hen fodryb, Neli 'Regal, 'wedi anghofio popeth ond y gorffennol.' Ond er gloywed ei chof o'r gorffennol hwnnw ni fu erioed yn rhwystr iddi rhag ymateb i'w phresennol.

'Peth sobor ydy'r henaint yma!' oedd cwyn Saunders Lewis ym Medi, 1965. 'Ie,' cytunodd Kate yn ei hateb i'w lythyr, 'fel y dywedwch, poenau henaint ydyw — surni yn y stumog, fel petai holl surni oes yn dwad i'r wyneb rŵan.' (*Annwyl Kate, Annwyl Saunders*)

Meddai Longfellow yn 'Table Talk', *Driftwood* (1839):

> The first pressure of sorrow crushes out from our hearts the best wine; afterwards the constant weight of it brings forth bitterness, the taste and stain from the lees of the vat.

Ond er bod y casineb a'r chwerwder yn gadael blas drwg ar enau, y düwch yn ein llethu ac agwedd hunangyfiawn y ni yn dân ar groen ar adegau, ni allwn lai nag edmygu onestrwydd unplyg un a etifeddodd y ddawn i ddweud y plaendra ac i roi mynegiant i'r anghyfiawnder, diriaethol a thybiedig, a barai'r fath wewyr iddi.

Yn y cyfweliad â'r Parch. Lewis Valentine dywed Kate Roberts mai'r dryswch mwyaf a ddaeth iddi wedi'r brofedigaeth fawr a gawsai yn 1946, sef colli ei phriod, oedd ceisio ymgadw rhag tosturio wrthi ei hun. Bu impio'r profiadau chwerwon ar eraill o gymorth iddi at fyw. Byddai wedi amenio Ernest Hemingway pan ddywedodd:

> Forget your personal tragedy. We are all bitched from the start and you especially have to be hurt like hell before you can write seriously. But when you get the damned hurt use it — don't cheat with it.

Mae Ffebi'n ysgrifennu yn ei dyddlyfr:

> 'Rwyf fi'n meddwl ei bod yn iachach i gorff ac ysbryd dyn gael bwrw pob dim allan.

Adleisio'i geiriau hi a wna Huw yn *Tywyll Heno*. Iddo ef, mae'r ymollwng yn beth iach ac yn help i gael gwared â'r chwerwder o'r cyfansoddiad 'yr un fath â rhegi a phlorod.'

Nid rhywbeth a ddatblygodd yn sgîl henaint mo'r surni yn y stumog, fodd bynnag. Mewn llythyr a anfonodd at Kate Roberts ym mis Ionawr, 1931, mewn canlyniad i'w sylwadau beirniadol-lym ar ei waith llenyddol, mae Tegla Davies yn gofidio'n fawr oherwydd yr amryw brofiadau a barodd iddi chwerwi cymaint tuag at fywyd:

> Methaf weld sut y mae dal i fagu'r chwerwder hwnnw, a gadael iddo dreiddio'n ddiachos i bopeth a wnewch, yn mynd i helpu'r tlodion y cydymdeimlwch gymaint â hwy. Nid yw ei waith yn treiddio i mewn i'ch adolygiadau yn mynd i helpu'r tlawd hwn a'i fath, a dweud y lleiaf. Eithr 'gwyn ei fyd y gŵr sy'n dioddef profedigaeth.'

Hanner can mlynedd yn ddiweddarach, ysgrifennodd Kate Roberts yn ei dyddiadur:

> Islwyn Ffowc Elis yn 'Rhwng gŵyl a gwaith' yn dda ac yn glir. Ond pam clodfori Tegla o hyd?

Nid oes angen ysbienddrych y Bardd Cwsc i ddod o hyd i enghreifftiau tebyg yn y gyfrol *Annwyl Kate, Annwyl Saunders* nac ychwaith i ganfod rhesymau am y surni yn stumogau nifer helaeth o'r ni. Mewn llythyr dadlennol ac ymosodol, sy'n barnu Saunders Lewis yn hallt am ei

sylwadau ar y nofel *Traed Mewn Cyffion*, mae Kate
Roberts yn cyfeirio at y profiadau chwerw a fu yn ei
bywyd, cymaint ohonynt fel ei bod wedi gorfod troi clust
fyddar i boen, rhag digwydd iddi golli ei synhwyrau yn
llwyr. Mae'n pwysleisio nad rhyfel na diffyg gwaith sydd
wedi rhoi'r holl boen a gafodd. Ysgrifennwyd y geiriau
hyn yn 1934, pan nad oedd ond un o lyfrau tywyll y stori
'Dewis Bywyd' (*Prynu Dol*) ar y silff. Ond yr oedd y silff
honno, mae'n amlwg, ymhell o fod yn wag.

Mae Ela'n holi, yn ei llythyr hi at Margiad yn y stori
'Torri Trwy'r Cefndir' (*Gobaith*):

> A oes rhywun wedi medru diffinio a dadansoddi poen a
> dioddefaint?

Gorfodir rhai i wthio'r dioddefaint i gefn y meddwl, cais
eraill ei ddadansoddi, a cheir ambell un yn ei anwylo hyd
yn oed. Mae meddyliau Bet 'yn ymgordeddu fel nadroedd,
heb byth ddatgordeddu.' Teimla hi'n berffaith sicr mai
codi ohoni hi ei hun y mae'r digalondid. Mae'n ei weld yn
ddarluniau o flaen ei llygaid:

> yn fwgwd am fy mhen; yn glwt o dduwch; yn rhew; yn niwl; yn
> bwysau wrth fy nghalon ar fin torri a disgyn.

Teimlo fel petai mewn ogof y mae Lora Ffennig a'i
meddwl 'ar un smotyn o hyd, yn troi fel gwyfyn o gwmpas
lamp.' I Aleth Meurig, ploryn mawr, a fu'n magu am hir,
sydd wedi torri yn hanes Lora gydag ymadawiad ei gŵr:

> O ran hynny, efallai bod digon yn barod i dorri yn y tai eraill. Ni
> thorrai rhai ohonynt fyth efallai, ond gostwng a mynd i'r gwaed.

I Dora, ffrind Ann Owen, peth personol yw poen, ac er i
Ann gyfaddef y gall rhyw lawenydd ddod allan o boen,
cred mai peth hunanol yw galar. Cysur iddi yw clywed y
pregethwr yn dweud un bore Sul 'nad oedd poen yn
cynyddu mewn cyfartaledd mathemategol, fod poen un yr
un faint â phoen dau gant.' Haera Wil nad yw hunan-
dosturi yn ddrwg i gyd ond i rywun ei gadw iddo'i hun.

Nid yw ef, mwy na mwyafrif y cymeriadau, yn llwyddo i
wneud hynny, fodd bynnag. Chwilio'n gyson y maent am
glust i wrando; am rywun i geisio deall, a chytuno â hwy,
gan amlaf. Er mai methiant yw hynny, mae'r digalondid

yn heintus a hawdd y gellir tosturio wrth y gwrandawyr oherwydd yr anallu i ddeall, a hyd yn oed yr amharodrwydd i rannu'r gofid.

> 'Disgwyl i bethau ddwad yn well mae dyn,' meddai Jane Gruffydd wrth Ann Ifans.
>
> 'Wir, ddaw o ddim,' meddai Ann Ifans, gyda'r ysbryd trychinebol hwnnw sy'n nodweddu pobl lawen. (*Traed Mewn Cyffion*)

Ni all Rachel Annie fwynhau'r papur chweugain a ddaeth drwy'r post, yn y stori 'Diwrnod i'r Brenin' (*Ffair Gaeaf*):

> Yr oedd pedair blynedd o fyw ar gythlwng wedi parlysu ei theimladau. Ni fedrai deimlo llawenydd dwfn o dderbyn peth yr oedd arni angen mawr amdano.

Ei natur anniddig yw magl Ann Owen. Ni all hi dderbyn yr ysbeidiau anaml o lawenydd heb ddarogan cawod arall. Meddai wrth Dora:

> Ac eto efallai petasa yna ddim rhyfel y basa rhywbeth arall. (*Tegwch y Bore*)

Y teimlad cyffredinol ymysg y cymeriadau yw nad oes ganddynt hawl i hapusrwydd. Mae Ffebi'n teimlo fel petai wedi dwyn ei hawr o hapusrwydd 'o dan drwyn Ffawd ac fel petai hithau wedi fy nal yn ei ddwyn.' Yr un yw teimladau Bet a Mati, y ddwy chwaer, yn y stori 'Ymweliad' (*Yr Wylan Deg*) a hwythau'n edrych ymlaen at gael trêt bach yn eu hen ddyddiau.

Mae Lora'n ysgrifennu yn ei dyddlyfr:

> Pa ryw ragluniaeth a roes ym mhen y plant yma i wneud te imi? Hynny a'm hachubodd. Gofynnaf i mi fy hun, 'Fy achub rhag beth?' Ni wn, os nad fy achub rhag cyrraedd gwaelod anobaith, a phan mae dyn wedi cyrraedd y fan honno, nid yw'n gyfrifol am ei weithredoedd wedyn. (*Y Byw Sy'n Cysgu*)

Mae'r sawl sydd wedi astudio gweithiau Kate Roberts yn gyfarwydd â'r ateb a roddodd i Gwilym R. Jones, mewn sgwrs a gyhoeddwyd yn *Yr Arloeswr* yn 1958, pan ofynnodd ai ffrwyth ei phrofiad hi oedd y dioddef mawr a ddeuai i ran ei chymeriadau. Bu iddi, meddai, ymroi i ysgrifennu er mwyn medru byw, a rhoi dioddefaint gwahanol i'r dioddefaint personol ar fathau eraill o bobl:

Ond nid tristwch yw sôn am ddioddef bob amser. Peth trist yw bod dyn yn mynd i lawr dan ei ddioddef yn sicr, ond gall dioddef ei hun droi yn fath o orfoledd. Peidiwch â'm camddeall. Nid sôn am bobl sy'n medru dal pob dim yn ysgafn-galon yr wyf, ond sôn am bobl sy'n mynd i waelod dioddef, drachtio'r gwaddod sur, a chodi wedyn, nid yn fuddugoliaethus, ond yn hyderus i ailwynebu bywyd. Yr oedd yn dda iawn gennyf weled bod Mr. Tennessee Williams yn dweud peth fel hyn yn ddiweddar, 'Peidiwch ag edrych ymlaen at y dydd pan fyddwch wedi gorffen dioddef, oblegid pan ddaw'r dydd hwnnw, fe wyddoch eich bod yn farw.'

Meddai Saunders Lewis, yntau, mewn llythyr, Ionawr, 1931:

> Canys dyn yn ei nerth ei hun yn medru dal ei ben i fyny yn wyneb bywyd, dyna i mi yr hyn sy'n ofnadwy ogoneddus. (*Annwyl Kate, Annwyl Saunders*)

Yn yr un llythyr, mae'n mynegi ei edmygedd o'i dewrder. Iddo ef, hi yw'r stoig olaf mewn llenyddiaeth Gymraeg.

Er iddi ddweud wrth Loti y gall, efallai, ddechrau crafangio'n ôl wedi iddi gyrraedd y gwaelod a bod yn rhaid iddi godi neu suddo, ni chred Lora Ffennig fod unrhyw gysur mewn dweud mai'r awr dywyllaf yw'r agosaf i ddydd gan y gall fod 'dyfnjiwn i syrthio iddo rhwng yr eiliad dywyllaf a'r eiliad y tyrr y wawr.' Ac wrth gytuno â Gruff pan ddywed fod yna o hyd ryw waelod i ddal dyn rhag syrthio trwodd, ymateb Bet yw y gall 'rhywun eistedd yn hir iawn' ar y gwaelod hwnnw.

Bu mwy o drafod ar *Tywyll Heno* na'r un o gyfrolau Kate Roberts. Mynnodd y mwyafrif gysylltu'r colli ffydd â chrefydd gan anwybyddu'r ffaith mai colli ffydd mewn bywyd ac ynddi ei hun, yn fwy na dim, sy'n gyfrifol am iselder ysbryd Bet. Cofiwn fel y bu iddi ddychmygu clywed Gruff yn dweud: 'Rhaid i chi fod yn wallgo i weld yn iawn.' Ond nid yw Bet yn wallgof, er ei bod yn gweld ymhellach na'r cyffredin.

Amheuai Gwilym O. Roberts gywirdeb seicolegol y gyfrol yn ei erthyglau yn *Y Cymro* a chawn Derec Llwyd Morgan yn holi, mewn adolygiad yn *Y Dyfodol*, 1962: 'A yw cwymp Mrs. Jones yn un sy'n dilyn yn naturiol o'i rhesymau dros wanychu?'

Yn ei sgwrs â'r Parchedig Lewis Valentine, rhydd Kate
Roberts y pwyslais ar iselder ysbryd Bet, gan ychwanegu
fod yr iselder hwnnw'n rhan o'i chyfansoddiad hithau. Ei
bwriad, meddai, oedd disgrifio gwraig 'a oedd yn edrych
ar fywyd yn onest.' Ond er na fu iddi amcanu at nofel
seicolegol, cawn David Enoch, seiciatrydd ymgynghorol,
yn ei erthygl werthfawr ar *Tywyll Heno* yn *Barn*, 1970, yn
rhyfeddu at y darlun cyson a chywir o'r cyflwr a eilw ef yn
iselder ysbryd seicotig neu endogenaidd, sy'n deillio o'r tu
mewn yn hytrach nag o'r tu allan i ddyn. Iddo ef, camp
Kate Roberts yw iddi allu troi 'case-history' yn llenydd-
iaeth greadigol.

Dadl John Gwilym Jones yn *Barn*, 1963 yw mai â'r
tebygol yn hytrach na'r posibl y mae llenyddiaeth yn
ymdrin. Nid dilyn 'case book' a wnaeth Kate Roberts yn
Tywyll Heno, meddai, ond 'dangos tebygolrwydd un math
o wendid meddyliol o'i chreadigaeth ei hun.'

Disgrifiwyd Patrick Brontë, Haworth, fel dyn ar goll
mewn niwl. Gwraig ar goll mewn niwl yw Bet, hithau, yn
ceisio ymbalfalu ei ffordd yn ôl, fel dyn dall, i ddiogelwch
cymharol ei charchar.

Mae Ffebi Beca'n sylweddoli, ar ôl dweud, ystrydeb
mor ddwl yw na fu i'r un drws gau heb i un arall agor yn
rhywle. Ni chais Sam godi calon Alis yn y stori 'Hen Bobl
yn Caru' (*Yr Wylan Deg*). Gŵyr, meddai, fod yn rhaid iddi
gyrraedd y gwaelod ac yfed y gwaddod. Ond daw i Ann
Owen, hyd yn oed, eiliad o sylweddoli fod yn rhaid i alar
waelodi ac i fywyd fynd yn ei flaen. I Nathan Huws, sy'n
credu mai plentyn anobaith yw gobaith, daw'r sbardun at
fyw, a eilw ef yn 'sbonc', o'r diddanwch sy'n y tristwch ei
hun. Caiff Ela, hithau, yn 'Torri Trwy'r Cefndir' (*Gobaith*)
yr un cysur yn heddwch y meddyliau trist sy'n 'llifo dros ei
hymwybyddiaeth heb rincian.'

Mae prinder hwyl ac asbri byw yn y storïau a'r nofelau
yn ein harwain i gredu mai gwraig sur, ddi-hiwmor, a
gariai holl feichiau'r byd ar ei chefn, oedd Kate Roberts.
Ond gall rhai o'i chydweithwyr yng nghyfnod Gwasg Gee
(1935-56) ei chofio'n cyrraedd y swyddfa ambell fore yn
wên i gyd. Ar yr adegau prin hynny y sylw fyddai: 'Mae

Kate fel hogan fach heddiw.' Ni cheisiai guddio'i llawenydd, mwy na'i thristwch, a byddai geiriau o werthfawrogiad a chlod yn peri i'r llawenydd hwnnw gyrraedd ei ben llanw.

Yn ei sgwrs ag Aneirin Talfan Davies dywed ei bod yn 'medru chwerthin a mynd o un cywair i'r llall' ond mai'r tristwch yw'r un parhaol. Sylweddoli 'mai llawenydd ddylai ei hadwaith parhaol fod' a wna awdures 'Dewis Bywyd' (*Prynu Dol*) fodd bynnag, nid yn gymaint oherwydd edmygedd y wraig o'i llyfr, ond oherwydd y cysur a ddaw iddi o fodio a magu tri llyfr du'r gorffennol.

Bu Kate Roberts yn feirniadol o Richard Hughes Williams oherwydd iddo or-bwysleisio'r tlodi a'r tristwch (*Taliesin*, 1963) ac o T. Rowland Hughes am iddo wneud y tristwch yn beth rhy ddagreuol a sentimental. Credai iddo fod yn fwy cynnil gyda'i ddigrifwch. (Adran Addysgol *Barn*, 1963)

Beirniadu'r beirniaid sy'n cwyno nad oes hiwmor yn ei gwaith a wna Dafydd Glyn Jones yn ei adolygiad ar *Gobaith* yn *Barn*, 1973, gan fynnu mai ynddynt hwy y mae'r diffyg. Ffraethineb, yn hytrach na hiwmor, â brath yn ei gynffon ydyw, gan amlaf; digrifwch (os gellir ei alw'n hynny) sy'n dibynnu ar sylwadau crafog ar draul rhywun neu'i gilydd, ac un a all fod yn ddigon creulon ar adegau.

Yn y broses o geisio crafangio'n ôl, mae rhai, fel Ffebi, yn ceisio mynd heibio i 'fwlch cul yr hunan' ac eraill, fel Lora ac Ann, ar ambell funud gobeithiol, yn adleisio geiriau Bet wrth iddi fwynhau cynllunio'i drama fach ar gyfer plant y capel:

> Teimlwn mai rhywbeth fel hyn a feddyliai Goronwy Owen wrth ddweud, 'Clywaf arial i'm calon.'

Rhaid i'r achubiaeth ddod o'r tu mewn. Gŵyr Bet, o'i phrofiad yn y gorffennol, 'fod yna rywbeth fel ffon haearn yn fy nghyfansoddiad a wnai imi ddal.' Ffynnon yw'r enw a rydd Lora ar y 'rhywbeth' hwn. Mae Mrs. Huws yn ysgrifennu, mewn llythyr at Ann:

> Tueddu i gredu yr wyf fi mai ni ein hunain a fedr ein helpu ein hunain orau, a bod Duw yn anuniongyrchol yn rhoi'r ffydd inni wneud hynny. (*Tegwch y Bore*)

81

Ond i Lora a'r gweddill, ffydd mewn bywyd yw'r un a all beri i'r ffynnon godi a rhoi'r arial at fyw, er nad yw'r arial hwnnw'n addo na bodlonrwydd nac hapusrwydd.

Geiriau Twrgenieff a ddaw i feddwl yr hen wraig a fu'n prynu dol:

> Ni ŵyr hapusrwydd am yfory, ac nid oes ganddo ddoe, ac nid yw'n meddwl am y dyfodol. Ni ŵyr ond am y presennol — a hynny nid am ddiwrnod, eithr am foment.

Nid oes gan awdures 'Dewis Bywyd' obaith mwynhau'r llawenydd parhaol. Peth byr iawn ei barhad ydyw, yn rhoi'r argraff fod amser fel petai wedi aros, fel i Ffebi Williams yn y stori 'Y Cwilt' (*Ffair Gaeaf*):

> Teimlai fod holl hapusrwydd ei bywyd wedi ei grynhoi i'r munudau hynny o fwyta'i brecwast. Teimlai fel pe na buasai amser o'i flaen nac ar ei ôl. Nid oedd ddoe nac yfory mewn bod. Hwnnw oedd Y Presennol Mawr . . . Cafodd oruchafiaeth ar ei gofid yn yr ychydig funudau gogoneddus hynny.

Goruchafiaeth y foment, efallai, ond goruchafiaeth er hynny. Dymuno i amser stopio a wna Wil, hefyd, er mwyn gallu mwynhau cofio Nel a'i gweld yn ei wylio yntau'n mwynhau ei frecwast.

Mae'r ffin rhwng gobaith ac anobaith yr un mor denau â'r un rhwng llawenydd a thristwch neu ffydd a diffyg ffydd. I Elin Wiliam, yn stori 'Y Daith' (*Prynu Dol*) 'dwy ddolen nesa' at i gilydd mewn cadwyn' ydynt a rhaid dal i obeithio, neu fynd i'r ddaear. Er iddo geryddu Lora am ddisgwyl gormod yn yr yfory o hyd, mae Owen yn ei chysuro trwy ddweud na fu erioed heb rywbeth i fyw er ei fwyn. I Sal Huws, yn y stori 'Gobaith', ei mab anabl sy'n rhoi pwrpas i'w bywyd a'i gofal amdano ef sy'n cadw fflam gobaith i gynnau.

Dau beth sy'n hwyluso'r ffordd tuag at ailafael yn y sbardun at fyw yw anghofio a pheidio â malio. Cais Lora Ffennig ddringo mynydd ei gofid 'heb edrych yn ôl am fod y dringo ei hun mor anodd.' Cyngor Linor yw iddi beidio â malio a cherdded drwy'r dre a'i phen yn uchel. Mae hithau'n sicrhau Rhys y bydd ei fam yn siŵr o ymladd drosti ei hun heb falio yn neb, er ei bod yn ymwybodol

wrth ddweud bod gofid ar ben gofid yn rhoi rhagor o
rwystrau'n ei ffordd.

Y mae ymwared arall i'w gael, fodd bynnag, trwy
wrthryfela mewn rhyw fodd neu'i gilydd. Er i Mrs. Huws,
Tegwch y Bore weld perygl mewn bodlonrwydd mae'n
cydnabod, yn groes i'r graen, mai derbyn gefynnau
cymdeithas heb wrthryfela yw'r unig ffordd i fod yn
hapus. Y mateb yn ffyrnig a wna Ann i hyn gan ddweud y
bydd iddi hi wrthryfela trwy adael Blaen Ddôl. Cydnebydd
Lora mai bod heb amheuon a roddodd iddi hi'r tameidiau
o fywyd hapus. Ac eto, y mae'r ffrae a gaiff gyda Jane ei
chwaer yn rhoi llawer mwy o fwyniant iddi yn ystod ei
hymweliad â Bryn Terfyn na gweddill yr 'wythnos dawel,
ddi-dramgwydd.' Cred Loti fod Lora'n rhy oddefgar ac y
byddai o les mawr iddi ffrwydro fel y gwna Rhys, ei mab,
yn ystod ymweliad ei nain a'i fodryb â'r ysbyty.

Ceir yn y storïau a'r nofelau gyfeiriadau mynych at
syrffed a gwastadedd undonog bywyd. Bywyd digynnwrf
a gawsai Magi, gwrthrych y stori 'Heb Gyffro Mwy' (*Yr
Wylan Deg*). Mae'n ei holi ei hun a fu'n hapus:

> Ni allaf ddweud . . . Yr wyf fi'n credu bod cyffro yn fwyd i mi, a'm
> bod mewn gwirionedd wedi mwynhau'r ffrae a gefais â Dafydd.
> Peth felly sydd yn rhoi bywyd llawn i rai pobl ac efallai i minnau.

Cwestiwn Annie i Loti yn *Y Byw Sy'n Cysgu* yw: 'Oes
rhywun yn fodlon?' A'i hateb hi?:

> 'Oes ddigon, mae rhai pobl wedi i creu felly, a maen nhw mewn
> rhyw stâd o addoliad am byth. Ond unwaith yr ei di i ddechrau
> ffeindio bai — ta-ta i heddwch.'
> 'Ac eto mae digon o bobol hapus yn y byd.'
> 'Wel oes, os medri di alw twpdra llonydd yn hapus. Mae'r
> hapusrwydd hwnnw gan bobol ddi-ben. A chan bobl lle mae
> cariad yn unochgrog.'

Beth bynnag am hynny, â'r gair olaf, am y tro, i Wil wrth
iddo yntau gael gwared â pheth o surni'r stumog yn ei
lythyr at Ifan:

> Yr ydym yn chwilio am lonyddwch a bodlonrwydd fel petai posib
> eu cael: 'does dim posib eu cael mewn byd lle mae'r holl lofruddio,
> lladrata, anonestrwydd, puteinio, rhagrithio, crintachrwydd,
> cybydd-dod, hunanoldeb, diffyg dealltwriaeth, gwenwyn, creulon-

deb at blant ac anifeiliaid . . . Os ydym yn mwynhau rhywfaint ar
ein bywyd, ei fwynhau yr ydym fel gwylanod yn sglentio wyneb y
dŵr ar lan y môr, ac anghofio, hyd yn oed yn ein munudau dwysaf,
yr holl fryntni a'r drewdod sydd oddi tanom.

Gwelwyd eisoes fel yr oedd yr ymdrech i fyw yn codi
mur di-adlam rhwng y gwŷr a'r gwragedd. Perthynai'r
gwŷr i ddau fyd, y chwarel a'r cartref, y naill yn lle i fyw'n
llawn o'i mewn a'r llall yn lle i ymneilltuo iddo i fwrw
blinder. Nid oedd i'r gwragedd ond un byd. A hwythau
wedi colli eu hunaniaeth yn y broses o briodi a magu teulu,
yr oedd yn rhaid wrth un peth a roddai iddynt fesur o
annibyniaeth. Yr un peth hwnnw oedd yr hunan-falchder
a'u galluogai i weithredu ar eu liwt eu hunain. Iddynt hwy,
byddai cyfaddef amheuon ac ofnau yn arwydd o wendid ac
yn bygwth y fuddugoliaeth a ddeuai i'w rhan ryw
ddiwrnod, fel i Ffanni Rolant, 'Y Taliad Olaf.'

Gwelir yr un elfen yng ngwragedd yr hyn a labelwyd, yn
gyfleus, fel 'ail gyfnod' Kate Roberts. Er eu bod hwy'n
llawer parotach i roi tafod i'w gofidiau, fe'u cawn yn dal yn
ôl rhag dweud gormod. Fel yn *Y Lôn Wen*, mae'r allwedd
yn yr hyn nad yw'n cael ei ddweud, er mai ychydig iawn
o'r gwrandawyr a fyddai'n fodlon ymlafnio i ddarllen
rhwng y llinellau. Cofiwn fel y bu iddi dystio ym mhennod
olaf yr hunangofiant ei bod yn amhosibl dweud y gwir ac
iddi ymatal am fod arni ofn. Ofn eu dinoethi eu hunain,
cael eu gadael yn ddiymadferth a diamddiffyn heb obaith
buddugoliaeth, sy'n dal y gwragedd hyn yn ôl, ac ambell
un o'r gwŷr, hefyd.

Canlyniad anochel y cyfuniad o anallu, amharodrwydd
ac ofn yw unigrwydd. Yn wir, gellid dweud mai hwn yw'r
gelyn a ddisodlodd elyn tlodi'r cyfnod cynnar. Fe'i gwthir
o'r neilltu, o dro i dro, yng ngwres cysur y pethau bychain,
ond nid oes modd ei orchfygu. Meddai Nanw Siôn wrth
Begw a Rhys yn y stori 'Nadolig y Cerdyn' (*Te yn y Grug*):

Wyddoch chi bedi unigrwydd? Byw heb neb i ddeud gair caredig
na chreulon wrthach chi. Byw efo meddyliau, dyna bedi 'hel
meddylia'.

Rhan o'r ymchwil am hunan-adnabyddiaeth yw'r
cyfaddefiadau llafar. Gŵyr y rhai sy'n ymollwng, oherwydd

straen fewnol neu argyfwng allanol, nad oes modd dod o hyd iddo, mwy na'r llonyddwch a'r bodlonrwydd. Mae Lora'n ei chael yn amhosibl bwrw'r hyn sydd ar ei meddwl ar bobl ac yn difaru, wedi'r dweud, o sylweddoli nad yw fymryn nes i'r lan.

Ni chymerai Bet mo'r byd â chyffesu'n y seiat ddarfod iddi golli ei ffydd mewn bywyd:

> Ni chredwn i fod neb yn cyffesu ei wir bechod yn y gorffennol ychwaith; pechodau gwneud oeddynt a dagrau ffug. Yn y tai y byddai pobl yn golchi eu dillad budron ac nid yn y capel.

Yno, hefyd, y byddai'r gyllell yn gwneud y gwaith.

Nid yw cwmni dethol ar aelwyd yn cynnig unrhyw ymwared ychwaith. Meddai Annie Lloyd, yn dilyn y drafodaeth yng nghartref Lora, gan adleisio geiriau'r awdures yng nghylch trafod y seiat:

> Siarad er mwyn siarad yr oedden ni. Petaen ni'n dechrau dweud ein profiad, ein *gwir* brofiad, mi fasa'r gegin yma'n wag mewn eiliad. (*Y Byw Sy'n Cysgu*)

Er iddi gael cysur a llawenydd yng nghwmni ei chwaer a'i chyfeillion, ni all Ffebi drafod pethau dwfn â hwy, dim ond clepian a chrafu'r wyneb. Mae'n ysgrifennu'n ei dyddlyfr:

> Y meddyliau wedi bod yn corddi eto a phenderfynais heddiw y bydd yn rhaid imi ddweud wrth rywun. Rhaid cael gwared ohonynt a chredaf y bydd dweud fy holl feddyliau yn help imi. Ond wrth bwy?

Nid Ffebi yw'r unig un i geisio ateb i'r cwestiwn ingol hwn. Gwelsom i ambell un fynd ar ofyn cyfaill, er mai prin yw llwyddiannau fel un Jane Rhisiart 'Y Trysor' (*Gobaith*). Ofni ei bod yn syrffed ar Owen wrth ddal i rygnu ar yr un peth y mae Lora ac mae'r cydymdeimlad a gaiff ganddo 'fel gan bawb sy'n teimlo hyd i bwynt neilltuol, y pwynt hwnnw lle mae'r dioddefydd yn gorffen a hwy eu hunain yn dechrau.'

Ni all Ffebi ddweud ei meddyliau wrth Besi a Dan, y ddau hoffusaf ganddi ar wyneb daear:

> Gwyddant hwy gymaint amdanaf fel y byddai dangos holl

hacrwch fy meddyliau yn sioc iddynt hwy, a byddai fy swildod a'm cywilydd yn ormod imi fedru dweud wrthynt.

Mae Ffebi'n penderfynu dweud wrth ei gweinidog. Rhydd y penderfyniad hwn dawelwch meddwl iddi, dros dro, ond methiant yw'r cyfaddefiad anghyflawn, a gadewir Ffebi 'fel aderyn wedi torri ei asgell, ar ei ochr ar lawr.'

Ail-bobiad o Mr. Jones, *Stryd y Glep*, yw'r Jones a ddaw i ymweld â Lora Ffennig. Er ei fod yr un mor barod i roi clust ac i raffu ystrydebau, mae'r goler gron yn dagfa am ei wddw yntau. Ni all ond codi'i aeliau mewn ymateb i haeriad Lora na wŷr ar y ddaear beth yw pechod erbyn hyn. Sgrytio'i ysgwyddau yn hytrach na chodi'i aeliau a wna Mr. Davies, gweinidog Gwen Huws, o roi clust i sylwadau brathog-ryfygus yr hen wraig. Methiannau yw'r Parchedigion Jones ac Edwards yn y storïau 'Te P'nawn' (*Gobaith*) ac 'Ymweliad' (*Yr Wylan Deg*) a chyfaddawdu'n ddeheuig a wna'r Parch. Lias Elias, yntau, yn 'Y Mul' (*Gobaith*). Cofiwn, hefyd, am Gruff, a'i wyneb di-fynegiant a Dan Huws, *Tegwch y Bore,* sydd â'i arferion, fel ei syniadau, yn ffitio i gorneli.

Fel y mwyafrif o'r dynion, rhai cwbl aneffeithiol yw'r gweinidogion hyn, a'u capeli mor amddifad o arweinwyr ag yw'r aelwydydd o dadau. Tanlinellu eu diffygion hwy a wneir yn hytrach na diffygion y sawl a ddaw ar eu gofyn, a hynny'n gyson fwriadol.

Er mai dyn gwan yw'r yfwr gwin, y Parch. Effraim Ogden, gwrthrych y stori 'Sbri'r Pregethwr' a gyhoeddwyd yn y cylchgrawn *Heddiw* yn 1938 ac yn y gyfrol *Coed Tân a storïau eraill* (1944), yn wahanol i'r parchedigion eraill, mae'n meddu ar ddogn o synnwyr digrifwch a'i gwna'n fwy dynol ac agos-atom.

Methiant llwyr, gan amlaf, yw'r dweud. Meddai awdures y dyddiadur yn y stori 'Yr Atgyfodiad' o'r gyfrol *Hyn o Fyd*:

> Pa bryd y dysgaf beidio â dweud fy meddyliau wrth bobl eraill, pobl barod i'w cega i gegau eraill?

Cam arall yn yr ymchwil am hunan-adnabyddiaeth, ac un sy'n esgor ar rai canlyniadau, o leiaf, yw'r penderfyniad

i gofnodi'r meddyliau mewn dyddlyfr.
'Lle i fod yn blaen yw dyddlyfr,' yn ôl Ffebi Beca.
Mae'n ysgrifennu'n gyson yn ystod Mai a Mehefin ac
yna'n ei roi o'r neilltu oherwydd ei bod mewn gormod o
boen meddwl. Fis yn ddiweddarach, mae'n ysgrifennu:

> Yn gyffredin, at ei ddyddlyfr yr â dyn pan fo mewn poen meddwl,
> oblegid mae dyddlyfr fel y peth nesaf at ddyn ei hun. Sieryd rhai
> â'u dyddlyfr fel pe baent yn siarad â hwy eu hunain, a rhai fel pe
> baent yn siarad â Duw.

Yr awydd i siarad â hi ei hun sy'n peri i Lora Ffennig
ddal ymlaen â'i dyddlyfr er iddi sylweddoli iddo 'symud
oddi wrth ei amcan cyntaf.' Ar ddiwedd y nofel, awgrymir
mai dyna ddiwedd y dyddlyfr, hefyd, ac mai rhywbeth yn
perthyn i'r gorffennol ydyw, a hynny cyn i'r inc sychu:

> Wrth ysgrifennu hwn yr ydwyf wedi cael gwir hapusrwydd am fy
> mod yn ysgrifennu a'm llygaid yn agored. Erbyn hyn ni wn yn
> iawn pam yr ysgrifennais. Fe wyddwn ar y cychwyn, ysgrifennu yn
> fy ing yr oeddwn y pryd hwnnw er mwyn medru byw o gwbl, fel
> dyn yn griddfan i'r ddaear.

Ymddangosodd nifer helaeth o bytiau dyddiaduron
Kate Roberts yn *Y Faner* ac yn *Y Ddraig Goch*, ond, o
reidrwydd, dyddiaduron wedi eu chwynnu'n ofalus ar
gyfer eu cyhoeddi oedd y rhain. Yn ei ragymadrodd i *The
Faber Book of Diaries*, meddai'r golygydd, Simon Brett,
am y dyddiadurwyr:

> Very few seem to be completely unselfconscious; all have the
> thought of a reader somewhere at the back of their minds.

Mae'n tueddu i groes-ddweud hyn trwy haeru y
byddai'r mwyafrif o ddyddiadurwyr yn adleisio geiriau
Byron:

> This journal is a relief. When I am tired — as I generally am — out
> comes this, and down goes everything.

Na, nid popeth, yn sicr. Yn 1981, ysgrifennodd Kate
Roberts yn ei dyddiadur hi:

> Nid wyf yn dweud fy mhrofiadau yn y dyddlyfr yma. Anodd iawn
> gwneud, gan fy mod yn teimlo fel petai fy mhen yn wag.

Henaint ac anabledd a oedd yn gyfrifol am hynny, ond

yr anallu, neu'r amharodrwydd, i fod yn onest â hi ei hun
sy'n rhwystro Ffebi rhag dweud y cwbl yn ei dyddlyfr.
Yr un yw teimlad Lora:

> Sylweddolai hefyd ei bod yn medru twyllo ei dyddlyfr, a bod yntau
> yn mynd yn rhywbeth yr un fath â'r sgwrsio yn y gegin gyda'r nos,
> yn rhywbeth anniffuant, rhywbeth fel llenyddiaeth, yn addurn i
> fywyd, yn lle ei fod yn mynegi ei gwir deimlad.

Gwendid pennaf y dyddlyfr iddi hi yw na all ei hateb yn
ôl na dweud ei bod yn iawn nac yn anghywir. Nid yw ond
yn dweud 'Amen' i'w meddyliau ei hun. Mae hyn yn ategu
sylw Kate Roberts yn ei beirniadaeth ar y stori fer ar ffurf
pennod o ddyddiadur yn Eisteddfod Genedlaethol
Aberteifi, 1942, mai diddordeb dyn ynddo ef ei hun sy'n
peri iddo gadw dyddlyfr.

Nid yw ysgrifennu'r meddyliau yn ateb y diben, mwy
na rhoi tafod iddynt, ond onid o'r amhendantrwydd, y
ffaith nad oes modd datrys y broblem y daw'r sbonc, y
sbardun a'r arial i ddal ymlaen? 'Peidiwch ag edrych
ymlaen at y dydd pan fyddwch wedi gorffen dioddef,
oblegid pan ddaw hwnnw fe wyddoch eich bod wedi
marw.'

Daw rhyddhad i Wil o gael bwrw tipyn ar ei hiraeth yn
ei lythyr at Ifan, a chyfle'n ogystal i fwrw'i ofnau a'i
siomedigaethau, ei ddicter a'i surni. Siarad ag ef ei hun y
mae yntau, heb ddisgwyl ymateb na gofyn cyngor. Ar
ddiwedd y llythyr, mae'r penderfyniad wedi ei wneud a
Wil wedi gorffen ei lith hir heb hyd yn oed ofyn i'w gyfaill
sut y mae. Yn ei ôl-nodiad i'w llythyr at Dora, dywed Ann
iddi sylweddoli mai amdani ei hun y bu iddi siarad yr holl
amser, gan ychwanegu: 'Pethau felly yw llythyrau.'

Mae Ela'n ysgrifennu at Margiad yn fuan ar ôl iddi ei
gweld, oherwydd iddi fethu dweud. Ofn digon tebyg i un
Ffebi sy'n ei blino hithau:

> Gwyddwn y buaswn yn baglu ac yn hic-hacio wrth fynd ymlaen
> â'm stori, ac y buaswn yn rhoi'r argraff mai stori wneud oedd hi er
> mwyn cael cydymdeimlad. ('Torri Trwy'r Cefndir': *Gobaith*)

Rhoi rhyddhad a gollyngdod i'w hawduron yw diben y
llythyrau hyn a chymhelliad cwbl hunanol sydd wrth

wraidd penderfyniad y nain yn y stori 'Yr Apêl' (*Yr Wylan Deg*) o adael ei dodrefn i'w hwyres:

> Fe welais pam y mae arnaf eisiau rhoi'r dodrefn i chwi, ofn sydd y tu ôl i'r cyfan, ofn i'm dodrefn fynd allan o'r teulu, ofn yr ocsiwn a'i hangof ohonof, ofn i'm pethau fyned i rywun arall, ac felly yr wyf am eu cadw i mi fy hun wrth eu rhoi i chi.

Yn wahanol i'r nain, ar ddiwedd y stori 'Cathod Mewn Ocsiwn' (*Hyn o Fyd*), mae Elen, nad oes ganddi'r un wyres i fynd ar ei gofyn, yn penderfynu bod ei dodrefn hi i gael eu cadw mewn storws nes eu bod yn pydru'n llwch.

Yr un yw'r cymhelliad hunanol, ond dealladwy, mewn storïau fel 'Yr Enaid Clwyfus', 'Meddyliau Siopwr' a 'Cyfeillgarwch' a'r rhyddhad o gael dweud, heb glust i wrando, yr un mor ddiflanedig â'r tamaid blasus a'r eiliadau o hapusrwydd.

Mewn nodiadau dadlennol ar gyfer y ddarlith 'Problemau Llenor', mae Kate Roberts yn rhannu pobl i ddau gategori, sef y rhai sy'n gweld a'r rhai sy'n 'mynd trwy'r byd fel deilen ar yr afon neu oel mewn dŵr.' Un sy'n dewis ysgrifennu am yr hyn y mae'n ei weld yw'r llenor, meddai, yn mynegi rhywbeth, a thrwy'r mynegiant yn 'cael gwared â rhywbeth y tu mewn, fel mae drwg mewn gwaed yn torri allan yn blorod':

> Mae 'sgwennu yn aml iawn yn ddihangfa (y gair wedi'i groesi allan) i ddyn ac yn waredigaeth . . . Mae dyn fel hyn yn anniddig. Weithiau, fe â bywyd yn ormod iddo. Mae'n cau amdano fel parwydydd ystafell fechan ac mae eisiau rhoi ei ddwrn trwy'r pared a'r ffordd o wneud hynny yw ysgrifennu amdano.

Mae Nathan Huws, ar ddiwedd y stori 'Dau Hen Ddyn' yn penderfynu crafangio'n ôl o'r gwaelod trwy ailddechrau ysgrifennu o ddifri trannoeth a'r hen wraig yn yr ysbyty yn y stori 'Gwacter' (*Haul a Drycin*) yn llenwi'r gwacter hwnnw trwy gyfansoddi stori'n ei meddwl:

> Daeth hiraeth dybryd arnaf ac nid oedd arnaf chwant mynd ymlaen â'r stori. Tybio fy mod yn niwsans i bawb ac na fuasai'n waeth imi farw ddim; ni fuasai dim colled ar fy ôl. Ond dim ond am funud y parhaodd y teimlad yna; yr oedd arnaf eisiau byw, a daeth fy mrwdfrydedd yn ôl dros y stori.

Ysgrifennodd Kate Roberts yn ei dyddiadur ar Ionawr 10, 1978:

> Fy ngweld fy hun yn mynd ymlaen fel hyn am hir. Ddim yn gwella dim. Nid wyf yn medru meddwl, teimlo'n annifyr. Nid oes gennyf syniad am stori.

Ni all ond y sawl a brofodd reidrwydd a llawenydd y creu sylweddoli ing y teimlad ofnadwy hwn.

Yn ei herthygl 'Holi ac Ateb' a gyhoeddwyd yn *Y Faner* yn 1958, ceisiodd Kate Roberts egluro pam y mae llenor yn creu:

> Mae bron yn amhosibl dweud: yr ydych yn mynd yn swil wrth geisio egluro i bobl eraill fod rhyw bethau yn eich corddi, ac er mwyn cael gwared ohonynt yr ydych yn gorfod creu . . . Ond, ai dyna'r cwbl? Onid ydym yn chwilio am rywbeth hefyd; yn chwilio am ryw ddirgelwch sydd yn y greadigaeth a thrwy hynny mewn pobl? . . . Turio ar ôl rhyw ddirgelwch yr ydym, ceisio darganfod y gwirionedd; weithiau mewn pobl, ac weithiau mewn syniadau. 'Agor adwy o'r grodir,' medd Wiliam Llŷn yn un o'r dialogau hynny wrth ben bedd ei gyfaill. Dyna geisia llenorion ei wneud, 'agor adwy o'r grodir', ond eu bod hwy yn siarad efo'r byw ac nid efo'r marw.

Yn ystod y sgwrs yn y bwthyn yn *Tywyll Heno*, mae Wil, y gweinidog sy'n taranu, ar wyliau o leiaf, yn drwm ei lach ar gyfansoddiadau'r Eisteddfod ac yn haeru nad yw'r holl gynhyrchion yn werth y fatsen a fyddai'n eu llosgi. Mewn ateb i honiad Huw, y gweinidog bach tawel, mai yn eu hamser sbâr y mae pobl yn ysgrifennu, meddai:

> Amser, amser, ŵyr athrylith ddim beth ydy amser, mi fynn dwll i fynd trwyddo fo. Wyt ti'n cofio Eseia a'r llais a ddywedodd, 'Gwaedda.' 'Does yna neb yn cael i gynhyrfu i weiddi heddiw. 'Rydan ni wedi mynd yn bobol rhy oer i weiddi, rhy heddychlon i frwydro yn erbyn dim.

Dywed Kate Roberts, yn ei sgwrs â'r Parchedig Lewis Valentine yn 1963 fod digon o bechu yn y byd, er bod yr ymdeimlad ohono'n brin, a bod swildod y Cymry yn eu rhwystro rhag 'disgrifio gwahanol fathau o bechod yn fanwl ac yn ddiriaethol.' Yn ôl yn 1928, ysgrifennodd yn *Y Llenor*:

> Mae rhyw ofn arnom ddatguddio ein meddyliau a bwriadau ein

calon i'r byd. Dysgwyd inni erioed siarad yn ddistaw bach am yr hyn a elwir yn bechod; o ganlyniad ni cheir darlun gonest o ddyn.

Meddai Melinda wrth Bet:

'Mi ddyliet ti gael gweld pobol yn pechu.'
''Rydw i'n gweld digon o hynny yma.'
'Ddim yn i holl ysblander.'
''Dydy pechod ddim yn grand.'

Llais bach yn yr anialwch yw un Bet; mynd yn ôl i'w heglwysi 'fel tasa dim wedi digwydd' a wna'r tri gweinidog a'r offeiriad.

Yn y sgwrs radio, *Dylanwadau*, cawn Kate Roberts yn cyfaddef mai swildod, yn fwy na dim, a'i daliodd yn ôl rhag dechrau ysgrifennu; sylweddoli y byddai, wrth wneud hynny, yn dweud amdani ei hun a'i thu mewn wrth y byd i gyd. Yr hyn a'i hysgogodd, yn bennaf, oedd y teimlad o anghyfiawnder a'r 'ffawd greulon sy'n digwydd i ddynion', yn arbennig mewn canlyniad i'r rhyfel byd cyntaf.

Er i drigolion Moel Arian, *Traed Mewn Cyffion*, deimlo effaith y rhyfel o'r diwrnod cyntaf, pan gaewyd holl chwareli bychain yr ardal, ni chredent y byddai iddo byth gyffwrdd â hwy. Fel yr âi rhagddo, poen fwyaf y rhieni, a'r mamau'n arbennig, 'oedd aros y post a disgwyl llythyr.' Nid oedd dim a allent ei wneud yn erbyn y bygythiad estron hwn:

> Bu'n fyd drwg arnynt lawer gwaith. Dioddefasant gamwri ac anghyfiawnder yn y chwareli; gormes meistr a pherchennog, gormes ffafriaeth a llwgr-wobrwyo. Gwelsant ladd eu cyfeillion a'u plant wrth eu gwaith, ond ni welsant erioed fyned â'u plant oddi wrthynt i'w lladd mewn rhyfel.

Gwelodd Kate Roberts y rhyfel hwn yn chwalu teuluoedd ac yn dinistrio pob dyhead am fywyd gwell, ond ni fu iddi ysgrifennu tra oedd y teimladau'n berwi o'i mewn. Pan ddaeth yr amser i hynny, rhoddodd y dweud 'rhyw fath o dawelwch meddwl' iddi.

Yn y darluniau o ing a gwewyr cymdeithas gwbl ddiymadferth Moel Arian yn erbyn yr anghyfiawnder a orfodwyd arni, teimlir y tosturi'n mud ferwi o dan yr wyneb mewn brawddegau cynnil, awgrymog. Y noson wedi iddi glywed am farwolaeth Twm, ei mab, mae Jane

Gruffydd, wrth roi ei phen ar y gobennydd, yn ceisio cau ei llygaid ar ei phoen:

> Daeth ugeiniau o feddyliau trist i feddwl y fam. Ond yn eu plith fe wibiodd un meddwl arall, na buasai'n rhaid iddi ofni clywed sŵn y postmon drannoeth.

Derbyniodd Jane Gruffydd y newydd am Twm mewn iaith estron a bu'n rhaid i Rhisiart Huws y siop ei gyfieithu iddi. Mae'r olygfa fer hon, gyda'i harddull foel, union-gyrchol, yn fwy ysgytiol hyd yn oed na'r un lle mae'r fam yn troi ar y swyddog pensiynau. Ceir yno ymollwng a gweithredu; yma ni cheir ond derbyn mud wedi'i dan-linellu ag eironi chwerw.

Ym mhennod olaf y nofel, mae Owen yn myfyrio ar y pethau hyn:

> Dyna fel yr oedd rhyfel; nid y lladd a'r dioddef oedd yn greulon yn unig, eithr pethau achlysurol . . . A dyna ei fam yn gorfod cael un i gyfieithu'r newydd am ladd ei mab.

Gwêl Owen y rhyfel fel 'llaw anweledig' sy'n gwasgu ei bobl i'r ddaear.

Anfonodd Kate Roberts y nofel hon i Eisteddfod Genedlaethol Castell-nedd, 1934, dan y teitl *Suntur a Chlai*, ac fe'i dyfarnwyd yn gyd-fuddugol â Grace Wynne Griffith, am ei nofel *Creigiau Milgwyn*. Meddai W. J. Gruffydd yn ei adolygiad yn *Y Llenor*, 1936:

> Drwg gennyf i Kate Roberts guddio mawredd ei gwaith â'r teitl *Traed Mewn Cyffion*, sydd yn fwy addas i weithiau bras ac ystrydebol eu cyffroadau.

Prawf o'i wendid fel beirniad llên oedd iddo fethu amgyffred arwyddocâd y teitl a hynny ar waetha'r ffaith i'r awdures gynnwys dyfyniad pellach o Lyfr Job ar y dudalen flaen:

> Yr wyt yn ei orchfygu ef yn dragywydd, fel yr elo ymaith; a chan newidio ei wyneb ef yr wyt yn ei ddanfon ef i ffordd.
> Ei feibion ef a ddaw i anrhydedd, ac nis gwybydd efe; a hwy a ostyngir, ac ni ŵyr ef oddi wrthynt.

Galar teuluol o golli mab a brawd yw un y Ffridd Felen, ond canolbwyntir yn *Tegwch y Bore* ar alar personol Ann Owen o golli Bobi, ei brawd. Cawn Ann yn adleisio geiriau

Charles Kingsley 'For man must work and women must weep' ('The Three Fishermen'):

> Y cwbwl wela i ydi fod yr hen air yn wir, fod dynion yn gorfod ymladd, a'r merched yn gorfod wylo.

Ac meddai Richard wrth Ann:

> Dynes ydach chi, a chi raid diodde, am mai chi sy'n aros gartre.

Yn y nofel hon, fel yn *Traed Mewn Cyffion*, tanlinellir effaith dinistriol y rhyfel ar y gymdeithas:

> Gwyddent yn yr amser a fu am ymladd, ymladd am le i'w tyddynod ar y comin, gyda'r meistr tir, ond fe wyddent am beth yr ymladdent pryd hynny, ac ni chollid bywyd. Ond ni wyddent am beth yr ymladdent yn awr. Pobl ddall oeddynt yn ymbalfalu ar barwydydd y byd.

Yn y stori anorffenedig 'Y Tri', a gyhoeddwyd yn *Y Ddolen* (Chweched Llyfr Anrheg, 1946) mae Martha yn cymharu ei hymateb i'r ddau ryfel byd:

> Pryder am fywyd yr ifanc oedd pryder yr un cyntaf iddi hi — pryderon am bethau llai pwysig na bywyd oedd pryderon yr ail, a bywyd wedi ei chaledu hithau i ddioddef pobl eraill.

Ond wrth iddi ddarllen llythyr y nyrs a oedd gyda'i brawd pan fu farw, daw'r 'ing o feddwl am yr hogyn a hoffai gathod wedi ei wasgu i'r fath gongl gyfyng' yn ôl, ac ni all ei hel i ffwrdd.

Bylchwyd teulu Kate Roberts, fel sawl teulu arall, a rhoddodd hithau'r llyfr du i'w gadw ar y silff. Er i amser leddfu'r briw a gadael craith, bu'n ail-fyw'r boen ac yn anwesu'r galar gydol ei hoes. Meddai wrth Gwyn Erfyl yn y rhaglen deledu, Ionawr, 1976:

> 'Da ni ddim yn sylweddoli un peth — fod 'na ddau ryfel byd wedi digwydd yn y ganrif yma, a dwi'n meddwl ein bod ni'n hollol ddifater ynghylch y peth mewn gwirionedd — trychinebau ofnadwy — a dyden nhw heb gael effaith fawr ar neb — 'da ni'n mynd ymlaen yn hapus braf, fel 'tasa dim byd wedi digwydd. Ond os ewch chi i feddwl am y pethau ddigwyddodd, wel mae o'n rhoi rhyw dristwch i chi a rhyw wrthwynebiad i'r pethau 'ma. (*Kate Roberts: Ei Meddwl a'i Gwaith*)

Mae llawer o wir yng ngosodiad Roy Lewis (*Tegwch y Bore: Y Faner*, 1968) mai 'o'r bwlch hwn y cododd, yn ddiweddarach, holl waith llenyddol Kate Roberts' ond ni ddylid gor-bwysleisio hyn ar draul anwybyddu'r cymhell-ion eraill.

Effaith y rhyfel ar ei phobl hi oedd ei phryder mawr, a'i chariad at Gymru a'r iaith a barodd iddi weithio'n egnïol ar ran yr unig Blaid a allai eu diogelu a'u gwarchod. Yn y bennod 'Y Frenhines Ddioddefus' (*Llenyddiaeth Gymraeg* 1936-1972) meddai R. M. Jones, wrth gyfeirio at ddiffyg profiadau gwleidyddol yn ei gwaith:

> Od meddwl am Kate Roberts ar ei heistedd, a'r diwylliant Cymreig yn syrthio'n deilchion am ei chlustiau, yn cyfansoddi gweithiau sydd, yn aml, yn gynnyrch atgofus o'i mebyd tua diwedd y ganrif ddiwethaf a dechrau hon yn Sir Gaernarfon. Ac eto, tebyg fod i'r weithred honno hyd yn oed ei pherthnasoldeb yn wyneb y sefyllfa gyfoes.

Oes, yn sicr. Onid peth cwbl naturiol i un a fagwyd o fewn cylch diogel y gymdeithas uniaith Gymreig oedd ceisio lloches ynddi rhag sŵn y malu, yn ogystal â sicrhau ei choffadwriaeth?

Erbyn ail hanner y ganrif, a hithau bellach wedi cefnu'n rhannol ar ail-greu'r gymdeithas honno, yr oedd y pwyslais ar y dadansoddi mewnol a'r frwydr yn erbyn yr hunan. Iddi hi, pethau oer, diflanedig oedd syniadau. Ni chredai mewn 'propaganda noethlymun' mewn llenyddiaeth. Meddai wrth Derec Llwyd Morgan yn y rhaglen radio *Cylchgrawn* yn 1968:

> 'Chydig iawn ydw i'n ddeall am wyddor gwleidyddiaeth. Mi ymunais i â Phlaid Cymru am mai hi oedd yr unig obaith i achub y gymdeithas uniaith Gymreig rhag difodiant . . . 'D ydw i ddim yn medru mynd i mewn i'r cwestiynau gwleidyddol ac economaidd.

Gofidiai ei bod wedi colli amser yn ymgyrchu, pan allai fod wedi rhoi'r amser hwnnw i ysgrifennu'n greadigol. Meddai ymhellach:

> Yr hyn ydw i'n deimlo erbyn heddiw ydi fod y blaid, fel plaid, yn golygu mwy na Chymru, fel Cymru. Fy ngwlad i ydi Cymru, 'dach chi'n gweld. Caru Cymru ydw i.

Er na chlywir mo'i chymeriadau'n adleisio'r cariad hwnnw, gwelir ei adlewyrchiad ar y cyfan o'i gwaith. Yn *Tegwch y Bore*, fodd bynnag, ceir un frawddeg, y gellid yn

94

hawdd lithro drosti, sy'n fynegiant o angerdd a dyfnder y cariad hwnnw. Meddai Richard, na ŵyr ar y ddaear dros beth y mae'n brwydro, os brwydro hefyd:

> Cymru sydd wrth fy ymyl i, ac yno' i, a mi fedrwn i ymladd dros Gymru.

Sylw Kate Roberts ddarfod iddi ddechrau edrych i mewn arni ei hun, pan syrthiodd ei byd yn deilchion yn 1946, a roddodd fod i raniad y 'ddau gyfnod'. Mewn nodiadau anerchiad 'Cyffes Ysgrifennwr' mae'n holi, wrth gyfeirio at y newid a fu:

> A ydyw hyn yn digwydd i bawb pan dorrir ef oddi wrth ei wreiddiau?

Mae'n ddiddorol sylwi mai yn ystod yr 'ail gyfnod' y crewyd *Te yn y Grug*, y llyfr rhwyddaf iddi ei ysgrifennu erioed, a hunangofiant *Y Lôn Wen*, cyfrolau sy'n profi bod ei gafael ar ei gwreiddiau yr un mor sicr. Rhwng cyhoeddi *Traed Mewn Cyffion* a *Stryd y Glep* bu bwlch o ddeuddeng mlynedd. Y rheswm a rydd hi am hyn yw prysurdeb a phwysau gwaith. Ond tybed nad oedd yn teimlo bod y deunydd y bu'n gweithio arno rhwng 1925 ac 1937 wedi gwisgo'n denau a bod yn rhaid wrth ddeunydd newydd? Trasiedi bersonol a ddaeth â hwnnw iddi, fel y bu i drasiedi bersonol arall, yn rhannol o leiaf, ei gorfodi i 'sgrifennu rhag mygu.' Fel yn yr achos hwnnw, mae amryw byd o ffactorau ynghlwm wrth yr orfodaeth.

Yn y golofn 'Ledled Cymru' yn *Y Faner* 1951, mae'n ysgrifennu:

> Ni chredaf fi fod pobl Dyffryn Clwyd yn gwybod beth yw dioddef, ac oherwydd hynny ni wyddant beth yw llawenydd deffro'r Gwanwyn.

O gydio hyn wrth y mynych feirniadu ar y gymdeithas drefol mewn ysgrifau ac erthyglau yn ogystal â'r cyfrolau, gwelwn bod y deunydd 'newydd' lawn mor gyfoethog â'r 'hen' ddeunydd, a'i bosibiliadau'n ddihysbydd.

Nid yw'r toriad ychwaith agos mor bendant ag y mynn rhai, fel y dengys y dyfyniad hwn o'r atgofion a ddarlledwyd yn y gyfres radio 'Y Llwybrau Gynt':

Nid tywyllu fy meddwl a wnaeth fy mhrofedigaeth (o golli ei gŵr)
ond agor drysau ar Fywyd, a gweld pethau a phobl yn gliriach.
Ond yn lle edrych yn ôl ar y gorffennol, dechreuais edrych i mewn i
mi fy hun ac ar fy mhrofiadau. Hoffwn ddweud yma nad yw
edrych yn ôl i'r gorffennol yn beth drwg; nid yw'n hen ffasiwn fel y
mynn rhai gan fod bywyd yn ei ail ddweud ei hun. Nid yw ceisio
treiddio i'ch profiadau yn beth newydd ychwaith. Mae
Theomemphus yn hen o ran oed, ond yn newydd o hyd. Oddi ar
1946, 'rwyf wedi sgwennu'r ddau fath o storïau, ac nid ymddiheuraf
am hynny.

A pham y dylai ymddiheuro?

Fel Ann Owen *Tegwch y Bore*, 'troes llenyddiaeth yn
oleuni ar ei bywyd ei hun'. Yr oedd cwmpas ei darllen yn
eang, fel y gwelir oddi wrth yr erthyglau, y cyfweliadau a'r
llythyrau. Ni allai, fodd bynnag, mwy nag unrhyw un sy'n
meddu ar y farn bendant a dry'n obsesiwn, ffurfio
beirniadaeth amhleidiol, ddi-duedd. Fel y mae nifer
helaeth o'i chymeriadau'n dafliad ohoni hi, gwelai hithau
dafliad ohoni ei hun yn y gweithiau llenyddol y mae'n eu
cymeradwyo.

Yn y gyfrol *Annwyl Kate, Annwyl Saunders*, sylwer mai
prin iawn yw'r llenorion cyfoes sy'n apelio, yn arbennig
ymhlith ysgrifenwyr rhyddiaith. I'r gorffennol y perthyn
y cyfoeth, ac eilir hynny yn newis ei chymeriadau o'r
awduron sy'n rhoi mynegiant i'w profiadau a'u teimladau
hwy ac yn siarad ar eu rhan — Siôn Cent, Pantycelyn,
Morgan Llwyd, Thomas Hardy, Emily Brontë a Sartre
(heb ei enwi). Y soned 'Dinas Noddfa', Robert Williams
Parry (un o'r rhai prin) sy'n cynnig cysur i Bet er mai yn
sŵn y geiriau y mae'r melyster a'i bod yn gwybod mai 'mur
o dywyllwch' yw'r gaer y bu iddi hi ei chodi o'i chwmpas.

Gyda chymorth y rhai hyn, cynhysgaeth y gorffennol
a'r meddwl ymchwilgar, aflonydd, llwyddodd Kate
Roberts i gadw heb suddo a bu'r ysgrifennu'n gleddyf ac
yn darian iddi mewn brwydr a oedd i barhau hyd y
diwedd.

Yr oedd yn llenor wrth reddf, ac afraid, mewn gwirion-
edd, yw rhestru rhesymau pam y bu iddi ymroi ati i
ysgrifennu. Un rheswm sydd — am na allai beidio.

Meddai'r dramodydd Ffrengig, Edouard Bourdet (1887-1945):

Pan mae dyn yn gallu ei wylio ei hun yn dioddef ac yna'n gallu disgrifio'r hyn yr aeth trwyddo, yna mae wedi ei eni i lenydda.

6

FEL TRÔR I FWRDD

Dwywaith, fel rheol, y byddai Kate Roberts yn ysgrifennu stori, y naill yn gopi rhydd a'r llall yn gopi twt. Cyn dechrau, fodd bynnag, byddai ganddi bentwr o nodiadau, wedi eu cofnodi pan fyddai ar ganol ei gorchwylion yn y tŷ. Gwnâi hynny o'i bodd, ond gorfodaeth oedd yr ysgrifennu ei hun a byddai'n gas ganddi ddechrau ar y gwaith. Golygai arfer y ddisgyblaeth lem a ddeilliodd, yn bennaf, o ddarllen y clasuron a chraffu ar eu crefft. Iddi hi, yn y mynegiant a'r ddawn i awgrymu yr oedd arbenigrwydd awduron fel Katherine Mansfield, Chekov a Maupassant. Meddai, wrth drafod y ddisgyblaeth honno yn *Ysgrifau Beirniadol (III)*, a gyhoeddwyd yn 1967:

> Anaml y byddaf yn darllen llyfr o storïau byrion heddiw, ond wrth ysgrifennu fy hun, byddaf yn gweld fy nghamgymeriadau yn uniongyrchol ar ôl yr hir ddarllen gynt. Golyga ymddisgyblu i mi heddiw gael y gair iawn, cynllunio i gael cyfanwaith heb fod wedi ei ddrabio, h.y. cael darnau'r stori yn rhedeg i'w gilydd fel trôr i fwrdd.

Yn yr un cyfnod, mewn nodiadau ar 'Iaith y Llenor', mae'n holi sut y mae awdur yn defnyddio geiriau. 'Gwrthod dwad' a wnâi geiriau'r stori 'Rhigolau Bywyd' (1925) a bu'n myfyrio ar bron bob un ohonynt, ond llifodd geiriau'r stori 'Yr Enaid Clwyfus' (1969) heb eu cymell, fel pe o waelod yr isymwybod:

> 'Rwyf wedi myfyrio mor hir ar fywyd nes bod y geiriau yn disgwyl adwy i ddyfod allan a *Byw*.

Yn yr erthygl 'Y Stori Fer Gymraeg', a gyhoeddwyd yn *Y Faner*, Ebrill 1931 dywed ei bod yn amhosibl diffinio'r cyfrwng. Tueddai i ffafrio disgrifiad y Dywysoges Bibesco o'r stori fer fel 'seren wib llenyddiaeth' gan ei bod yn ymdrin ag un fflach o brofiad 'wedi ei gipio o holl brofiadau bywyd a'i wasgu fel lafant rhwng papur sidan ac yna gollwng ei beraroglau i'r ystafell.'

Mae'n cyfeirio, yn ei sgwrs ag Aneirin Talfan Davies, at y stori fer fel 'y sbotyn golau ar yr un peth.'

Cyfuniad o'r dweud pendant a'r awgrymu cynnil a gawn, a rhaid i'r darllenydd wrth feddwl ymchwilgar sy'n gyson barod i dreiddio i'r llwydolau o dan yr wyneb. Meddai Saunders Lewis am ddawn storïol Kate Roberts:

> Iddi hi, mae'r stori fer yn gaeth megis cywydd. Nid rhyfedd iddi gyfansoddi'n araf. Dylid ei darllen yn yr un modd. Rhaid profi blas arbennig pob brawddeg. Mae pob paragraff fel afal aeddfed, yn grwn yn ei groen. ('Celfyddyd Miss Kate Roberts')

Ni welai hi arbenigrwydd yn yr un o storïau'r cyfnod na dim i'w gymharu â chynnyrch barddonol R. Williams Parry, W. J. Gruffydd, Parry-Williams a T. Gwynn Jones. Fe'u câi yn arwynebol a bas ac ni allai gofio'r un frawddeg ohonynt.

Sut, felly, y byddai hi'n gweld deunydd i stori ac yn gafael ynddo? Dyna un o'r cwestiynau a ofynnodd Saunders Lewis iddi yn y cyfweliad radio, a gyhoeddwyd yn 1947 yn y gyfrol *Crefft y Stori Fer*. Ni allai ddweud, mwy nag y gallai adeiladydd ddweud sut y bu iddo osod bricsen ar fricsen i adeiladu tŷ:

> Un o'r pethau na all ysgrifennwr byth ei ddweud ydyw sut y mae'n medru *gweld*. Gweld bod mewn bywyd rywbeth pellach na'r hyn sydd i'w weld i lygad noeth y dyn nad yw'n ysgrifennu. Y *llygad* sy'n bwysig. Yn fy hanes i, mae'r llygad yn gweld darlun a'r darlun yn troi'n air a'r gair yn fynegiant.

Cofiwn fel y bu i Saunders Lewis ddweud yn ei ysgrif 'Celfyddyd Miss Kate Roberts' yn *Y Faner*, 1924, bod ganddi 'bâr o lygaid cyflymach na neb arall yng Nghymru.'

Ymhelaethodd W. J. Gruffydd yn ei adolygiad ar *Traed Mewn Cyffion* (*Y Llenor*, 1936) ar allu anarferol y llygad treiddgar, 'llygad dealltwriaeth a chydymdeimlad, sydd mor ffyddlon i'r weledigaeth ag i'r gwelediad.'

Iddi hi, yr oedd ei storïau fel 'mân donnau ar wyneb llyn.' Ond ni fyddai crychiadau heb fod rhywun, neu rywbeth, wedi cynhyrfu'r dŵr. Ôl-effaith y cynnwrf a geir, yn ymdrech y cymeriadau i gyrraedd cyflwr o dawelwch. Er ei bod yn teimlo y carai gael rhyw lwyfan mawr i sefyll arno tua Phumlumon, 'i fedru gweiddi yn erbyn pob anghyfiawnder', dywedai ei greddf wrthi nad llwyfan i weiddi ohono oedd y stori fer. Nid oes amheuaeth nad yw'r sibrydion cynnil yn llawer mwy effeithiol. Yn ei sgwrs radio â Saunders Lewis, mae'n cyfeirio at adolygydd o Sais a ddywedodd amdani — 'Mae ei thristwch fel ochenaid hir ar draws y dyfroedd' — gan ychwanegu bod 'rhywbeth mwy tu ôl i ochenaid wedi'r cwbl.'

Cawn T. Rowland Hughes yn cloi ei adolygiad ar *Traed Mewn Cyffion* yn *Y Cymro*, 1936 â'r sylw:

> Aeth ochenaid yn gri o fuddugoliaeth.

Credai Kate Roberts iddi roi gormod o bwyslais ar y diweddglo yn ei storïau cynnar ac mae'n cyfaddef iddi roi'r 'gorau i dreio bod yn glyfar' a chwilio am ddiwedd trawiadol yn null O'Henry a'i debyg ar ôl darllen ysgrif Saunders Lewis yn *Y Faner*. Beirniadodd ef ei thuedd i ddibynnu ar hen noddfa storïwyr fel Richard Hughes Williams, sef marwolaeth, yn y stori 'Yr Athronydd' (*O Gors y Bryniau*) ac meddai am y stori 'Newid Byd', o'r un gyfrol:

> Heddiw, ni sgrifennai'r pum gair olaf. Mae'r stori'n gyfan hebddynt.

Mae'n arwyddocaol mai'r sgwrs hon oedd yr un gyntaf yn y gyfres 'Crefft y Stori Fer'. Ei nodweddion amlycaf yw hunan-hyder a phendantrwydd, o boptu. Yn 1947, ysgrifennodd Kate Roberts erthygl i *Lleufer* (Cyfrol 3) dan y teitl 'Sut i Ysgrifennu Stori Fer'. Er iddi ddechrau'r erthygl yn ddigon petrus gan ddweud mai ar funud gwan y cytunodd i'w hysgrifennu, yr un yw'r nodweddion.

Gartref, yn Rhosgadfan, Kate oedd aelod canolog y teulu. Parodd eu hedmygedd hwy a'u balchder ohoni, yn arbennig wedi iddi ennill ysgoloriaeth i Ysgol Sir Caernarfon, iddi gredu yn ei gallu i gyrraedd unrhyw nod a osodai iddi ei hun. Ymhyfrydai ym mhob llwyddiant a chlod ac ni allai ddygymod â methiant.

Fel llenor, yr oedd yn unigryw yn ei chyfnod a buan

iawn y sicrhaodd sylw ac edmygedd cenedlaethol gyda
chefnogaeth gwŷr amlwg fel yr Athro W. J. Gruffydd a
Saunders Lewis. Yn llythyr cyntaf y gyfrol *Annwyl Kate,
Annwyl Saunders* (20 Ionawr, 1923) cawn Saunders Lewis
yn ei chyfarch fel meistres ar ffurf y stori fer ac yn
gobeithio ei gweld yn tyfu yn 'wir artist, y prinnaf peth yng
Nghymru'. Ddwy flynedd yn ddiweddarach, mae'n
ysgrifennu:

> Y peth sy'n destun balchder i mi yw fy mod yn fore wedi
> sylweddoli bod athrylith yn eich gwaith a'm bod i wedi dweud
> hynny nes galw sylw at y peth o'r diwedd gan eraill. Wedi'r cwbl,
> ni all beirniad neu gritig wneud dim yn well na hynny yn ei oes.

Tybed a fyddai wedi rhoi'r ffidil yn y to oni bai am eu
cefnogaeth hwy? Ni fyddai ganddi'r un llwyfan hebddynt,
mae hynny'n sicr. Tystia i eiriau caredig Saunders Lewis a
beirniadaeth galonogol W. J. Griffydd yn Eisteddfod
Manceinion fod yn sbardun iddi. Fe'i cawn, yn ei llythyr
dyddiedig 23 Ionawr, 1923, yn cyfeirio'n ddifrïol at dair
stori fer o eiddo R. Lloyd Jones, a enillodd y wobr gyntaf
yn Eisteddfod Genedlaethol Caernarfon, 1921 dan feirn-
iadaeth R. Dewi Williams. Yr oedd y storïau a anfonodd hi
i'r gystadleuaeth ar waelod yr ail ddosbarth.

> Clywais ddwywaith — ac o lygad y ffynnon unwaith — i Huws a'i
> Fab wrthod y storïau byrion buddugol am eu bod yn rhy sâl.
> Hawdd credu'r stori yna heddyw, oblegid mae'r tair yn — lle
> ddyliech chi — yn *Almanac y Miloedd* o bobman. Prynnwch hi,
> dwy geiniog a gyst. Nid oeddwn fodlon ar y feirniadaeth ac
> arhosais hyd amser gwell a beirniad gwell. (*Annwyl Kate, Annwyl
> Saunders*)

Ddeugain mlynedd yn ddiweddarach, wrth sgwrsio ag
Aneirin Talfan Davies, haerai na fu i'r feirniadaeth honno
fennu dim arni: 'Mi o'n i'n gwbod mai fi oedd yn iawn.' Ac
yn 1961, a hithau'n dathlu ei phenblwydd yn ddeg a
phedwar ugain, meddai wrth Myrfyn Davies:

> 'Dw i'n meddwl bod y beirniad yng Nghaernarfon wedi gwneud
> camgymeriad.

Hyd yn oed yn y cyfnod cynnar hwn, yr oedd ganddi
ddigon o hyder i allu beirniadu'r beirniad. Mentrodd i fyd
rhyddiaith â llygaid agored a hynny'n gwbl ymwybodol.

Yr oedd yn rhaid wrth hunan-hyder i allu cymryd y fath gam. Efallai fod peth ofn a swildod o dan yr wyneb, ond adlais yr her sy'n aros.

Yn ei herthygl 'Y Stori Fer Gymraeg', mae'n pwysleisio nad yr un yw dawn awdur storïau byrion a dawn y nofelydd. Hoffai weiddi o bennau'r tai, meddai, 'mai anaml y cyferfydd y ddwy ddawn yn yr un person.'

Mewn nofel, fel gyda'r stori fer, credai Kate Roberts mai rhywbeth a ofalai amdano'i hun oedd techneg, cyn belled â bod gan yr awdur rywbeth i'w ddweud, er iddi fynnu nad oedd hynny'n caniatáu blerwch arddull. Yn ei sgwrs â Saunders Lewis yn 1947, dywed fod arni flys ysgrifennu nofel fer, gan ychwanegu y byddai gorfod cynnwys pethau llanw mewn nofel hir yn ormod o drafferth. Ddwy flynedd yn ddiweddarach, cyhoeddodd *Stryd y Glep* a'i galw'n stori hir fer ar ffurf dyddiadur.

Nofel gymharol fer yw *Traed Mewn Cyffion* (186 o dudalennau) o'i chymharu â *Tegwch y Bore* (335 o dudalennau) a cheir y teimlad weithiau ei bod wedi ei chywasgu'n ormodol, oherwydd diffyg amser, efallai. Bu Saunders Lewis yn feirniadol iawn o'r nofel hon ar y darlleniad cyntaf. Credai ef fod crefft y stori fer wedi mynd yn 'ail natur' iddi ac nad oedd ganddi'r un afael ar grefft y nofel. Nid oedd ganddo, fodd bynnag, ond canmoliaeth i'r nofel *Y Byw Sy'n Cysgu*, a gyhoeddwyd yn 1956, a bu ei darllen am y tro cyntaf 'yn brofiad go fawr.'

Erbyn 1958, teimlai Kate Roberts nad oedd cynfas y stori fer yn ddigon eang iddi allu dweud y cyfan yr oedd arni eisiau ei ddweud am fywyd, ond rhywbeth dros dro'n unig a fu'r troi cefn hwn. Meddai, mewn ateb i Gwilym R. Jones yn 'Yr Arloeswr', Sulgwyn, 1958:

> Mae bywyd wedi mynd yn fwy cymhleth ac mae'r gorwelion wedi ymledu i bawb ohonom. O'r blaen bodlonwn i ar edrych ar ddarn bychan o fywyd, a bywyd rhywun arall bron bob tro . . . Credaf fy mod yn y blynyddoedd diwethaf hyn wedi rhoi mwy o le i'm profiadau i fy hun nag i brofiadau pobl eraill y gwyddwn amdanynt. A dyna mi gredaf paham y mae'r hyn a sgrifennais yn ddiweddar yn fwy moel yn ei ddisgrifiadau.

Efallai hynny, ond er na fu iddi ymboeni rhyw lawer

ynglŷn â thechneg yr oedd yn gyson ymwybodol o werth a
phŵer geiriau. Rhoi mynegiant cywir o brofiad oedd y
peth pwysig. Er mwyn sicrhau hyn, bu'n rhaid iddi
meddai, 'adael allan addurniadau arddull yn aml iawn.'
Gair camarweiniol yw 'addurniadau' yma, gan ein bod yn
ystyried y cyfryw bethau, er yn wledd i lygad, yn rhai nad
oes raid wrthynt.

Yn ei herthygl ar 'Sut i Sgrifennu Stori Fer' dywed
mai'r unig symbyliad a ddylai fod gan rywun i geisio
ysgrifennu yw'r rheidrwydd i ddweud rhywbeth am
fywyd:

> Os oes rhyw symbyliad arall, bydd eich gwaith yn amddifad o
> gywirdeb, a bydd yn rhythu arnoch weddill eich oes fel darlun o
> ddyn a gwên ffals ar ei wyneb.

Bu'r cyfuniad o onestrwydd ac unplygrwydd a'r pen-
derfyniad diysgog i gadw'n driw i'r ddelwedd ohoni ei hun
heb geisio cyfaddawd â neb yn wrthwenwyn effeithiol i'r
'wên ffals'.

Blas digon chwerw sydd ar sawl un o'r gwirebau y
cyfeiriodd Jennie Eirian Davies atynt yn ei hadolygiad ar
Yr Wylan Deg (Barn, 1976) fel 'edafedd wedi eu gwau i
mewn i blethiad y deunydd.' Mae'r mwyafrif ohonynt yn
adlewyrchu'r hyn a flinai'r awdures, sef 'y berthynas o
agosrwydd pobl at ei gilydd a'u gwahanrwydd oddi wrth ei
gilydd.' Clywn adlais o arddull Morgan Llwyd, llenor yr
oedd Kate Roberts yn edmygydd mawr ohono, yn ei
defnydd cynnil a thrawiadol o'r gwirebau hyn.

Nid ychwanegiadau i ddenu'r llygad mo'r cymariaethau
a'r delweddau a'r darluniau geiriol. Deuent iddi ar fflach,
meddai, heb orfod chwilio'n fwriadol amdanynt. Yn ei
beirniadaeth ar y nofel yn Eisteddfod Genedlaethol
Llanelli, 1962 dywed mai ofer defnyddio cymhariaeth os
na ddaw ar fflach. Mae nodiadau ymyl dalen ar y
llawysgrifau, fel 'ceisir cymhariaeth well' a 'ceisio cael
cymhariaeth bwrpasol yma' yn gwrthbrofi hyn, i raddau.
Nid un i fodloni ar fflach y munud mohoni ond
perffeithydd hunan-feirniadol a disgybledig.

Cyfeiriodd Dafydd Glyn Jones, yn ei adolygiad ar *Hyn o*

103

Fyd yn *Y Faner,* 1964 at sylwadau Islwyn Ffowc Elis ar
Tywyll Heno yn *Lleufer* (Gaeaf, 1962). Credai ef y byddai'r
gyfrol yn debygol o barhau'r ddadl a ddeilliodd o'r
sylwadau ynglŷn â chyffelybiaethau'r awdures. Ang-
hytunai Islwyn Ffowc Elis â'r rhai a fu'n canmol arddull
Kate Roberts, am na wyddent beth arall i'w ddweud am ei
gwaith:

> Nid ei harddull yw ei chryfder. Ei chryfder yw ei hamgyffred
> eithriadol o sefyllfa a chymeriad, o gyfraniad manion bywyd i'w
> gyfanrwydd, a'i hymdeimlo mawr â'r elfennaidd a'r sylfaenol, yn
> enwedig lle mae colli o ryw fath, neu fod heb rywbeth, yn profi ac
> yn bychanu dyn.
>
> Er gwaetha'i harddull y mae hi'n llenor mawr, nid o'i herwydd.

Wrth gyfeirio ymhellach at ei 'feliau' enwog, mae'n holi:

> Tybed nad yw'r Dr. Roberts wedi cymryd ei pherswadio gan fân
> feirniaid mai'r 'feliau' hyn ydyw coron ei harddull a bod yn rhaid
> iddi bupro'i holl waith â hwy?

Yn *Barn,* 1963, cyfeddyf John Gwilym Jones ei fod ef yn
un o'r rhai y bu i Islwyn Ffowc Elis eu cyhuddo o weiddi
haleliwia i'r 'feliau'. Haera ef mai pwrpas swyddogol yn
hytrach nag addurnol sydd i'r cymariaethau a'u bod yn
taflu golau llachar ar gymeriad a digwyddiad yn ogystal â
dwysáu'r adnabyddiaeth a'r dealltwriaeth. Cyfeirir hefyd
yn yr adolygiad ar *Y Byw Sy'n Cysgu* (*Yr Eurgrawn,* 1957)
at y cymariaethau grymus 'sy'n goleuo ac yn pwysleisio
ystyr.'

Mae Bruce Griffiths, yntau, yn ei adolygiad ar *Prynu
Dol* yn *Y Genhinen,* 1970 yn trafod y beirniadu a fu arni
oherwydd ei defnydd cyson o gymariaethau. Gwêl ef ôl
straen cynllunio gofalus ar rai ohonynt, ac mae'n cyfeirio'n
benodol at y stori 'Dwy Gwningen Fechan' lle ceir toreth
o gymariaethau'n dilyn ei gilydd. Nid yw, fodd bynnag, yn
gwarafun y defnydd o gymariaethau i un y mae ei harddull
'yn foel o bob addurn rhethregoli arall.'

Temtasiwn rhai yng nghystadleuaeth y Fedal Ryddiaith
yn Eisteddfod Genedlaethol Y Fflint, 1969 oedd def-
nyddio gormod o gymariaethau. Cawn Kate Roberts, yn ei
beirniadaeth, yn eu rhybuddio i gofio y gallai gormod
ohonynt dagu'r arddull a rhwystro'r darllenydd rhag

gweld y darlun. Er iddi hithau ildio i'r demtasiwn, anaml iawn y digwydd hynny. Mae mwyafrif y cyffelybiaethau yn rhannau annatod o'r darlun ac yn ein galluogi i weld a chlywed a theimlo naws ac awyrgylch.

Mae nifer helaeth o'r cymariaethau a'r delweddau yn gymaint rhan o'r cartref ag ydyw'r tân a'r bwrdd yr eisteddai'r teulu o'u hamgylch. Dau cyn debyced i'w gilydd â phâr o gŵn tegan ar y silff ben tân yw Nel a'i gŵr 'ond bod pennau'r ddau yn troi'r un ffordd yn lle at ei gilydd ('Y Wraig Weddw'). Mae llwch blynyddoedd wedi caledu ar ymyl y sgertin yng nghartref y ddiweddar Mrs. Hughes, nes ei fod 'fel edau baco' ('Cathod Mewn Ocsiwn'). Syrth calon Bronwen 'fel pendil cloc pan dorro ei lein' ('Gorymdaith'); mae Lora'n teimlo ias 'tebyg i'r un a gafodd pan oedd yn blentyn, pan dorrodd lein y cloc mawr yn y gegin, gefn trymedd nos' (*Y Byw Sy'n Cysgu*); cwyd y pwysau oddi ar fynwes Bet 'yn araf, fel pendil cloc yn codi wrth ei ddirwyn' (*Tywyll Heno*). Yr un Bet sy'n teimlo cysur y gegin 'fel bwa blewog' am ei gwddw. Gwêl Begw'r ieir yn swatio yng nghornel yr ardd 'a'u pennau yn eu plu, yr un fath yn union ag y stwffiai hithau ei phen i'w bwa blewog yn y capel ar fore Sul oer' (*Te yn y Grug*). Felly, hefyd, y byddai Kate fach Cae'r Gors yn mwynhau teimlad ei bwa blewog am ei gwddw yn y gaeaf.

I Begw, mae'r eira sy'n ymestyn i'r pellter 'fel crempog fawr a lot o dyllau ynddi a chyllell ddur las rhyngddi a Sir Fôn' (*Te yn y Grug*). Wrth weld 'y fath olwg ddiafolaidd anifeilaidd' ar ei thad, teimlai Winni fel 'ei lindagu a gwasgu ei gnawd nes byddai yn sitrws fel tatws drwg wedi eu berwi i foch' (*Haul a Drycin*).

Yn y gyfrol *Atgofion,* mae Kate Roberts yn cyfeirio at y tŷ llaeth helaeth y tu ôl i'r gegin yng Nghae'r Gors, a'i resiad o botiau llaeth cadw gyda llechi crynion ar eu hwynebau. Wyneb 'mor sur â phot llaeth cadw' sydd gan Huw yn y stori 'Gobaith', ac i Poli, mae'r nam ar y diwrnod y bu'n dyheu amdano 'fel pry du wedi disgyn i lefrith' ('Mis Medi').

Mae Doli *Stryd y Glep* 'fel swigen sebon o bibell bridd', a'r gwynt yn cipio 'plu ysgafn ei siarad'. Daw dymuniadau da pobl y capel 'allan yn herciog fel petaent yn dyfod trwy wddw potel' wrth ffarwelio â Lora Ffennig ac mae siarad gwag Mrs. Amred, iddi hi, 'fel petai o'n dwad allan o dop jwg wedi ei stwffio efo phapur. Mi wyddoch nad oes yna ddim byd odano fo' (*Y Byw Sy'n Cysgu*). Caiff crëwr y llyfr yn y stori 'Dewis Bywyd' y teimlad ei fod 'wedi ei wisgo i'r pen eithaf, fel brethyn wedi gwisgo'n ddigon tenau a rhwyllog nes gallu gweld trwyddo, a bod bywyd wedi mynd yn wag fel tanc wedi torri ar ôl rhew, a'i ochrau wedi dyfod at ei gilydd a chau ar y gwagle.'

Yn y gyfrol *Te yn y Grug*, rhydd yr awdures, trwy gyfrwng y cymariaethau, wedd newydd ar bethau cyffredin bywyd ac yma, yn anad unman arall, y gwelir yr hyn a alwodd Saunders Lewis yn 'gelfyddyd y pastel', ar ei orau. Penbleth Begw yw sut i gael gafael ar Winni gan ei bod 'fel diffyg ar yr haul yn almanac Robert Roberts, Caergybi, yn weledig yn y wlad hon ambell dro.' Mae Sionyn, brawd Winni 'fel toman dail' a brawd Begw 'fel y nefoedd o lân', dau begwn eithaf y glendid a'r mochyndra. I Begw, mae'r geiriau 'sobreiddio drwyddi . . . fel sŵn lot o farblis mewn wyrpaig'. Ym mhennod olaf *Y Lôn Wen* meddai Kate Roberts, wrth sôn am fwynhad y byw cynnar:

> Yr oedd diwrnod yn hir ac yn fyr y pryd hynny, a'i lond o bethau, a phan ddeuai i'w derfyn byddai fel tynnu llinyn crychu am warpaig a'i llond o farblis a'i rhoi i'w chadw yn y cwpwrdd.

Darlunnir y berthynas rhwng Begw a Winni, wedi'r 'sobreiddio', trwy gyfrwng dwy gymariaeth mewn un frawddeg ddadlennol:

> Rhoes Winni yr hances i Begw fel dynes yn rhoi rhodd i blentyn, a Begw yn cyflwyno'r cyfleth iddi hi fel bod meidrol i dduw. (*'O Winni! Winni!'*)

Wedi'r min nos yng nghwmni Richard daw i Ann y pleser cymysg o ofn ac antur fel 'pan oedd yn blentyn wrth chwarae siglen 'denydd pan fyddai antur ac ofn mewn cael ei lluchio cyn belled ag y gallai'r rhaff gyrraedd, a cheisio taro ei throed ar dalcen y gadlas' (*Tegwch y Bore*).

Yr ofn mentrus hwnnw a roddai ias o bleser i hogan

fach Cae'r Gors wrth iddi chwarae siglen adenydd y tu ôl i'r tŷ.

Yn y bennod 'Fy Ardal' yn *Y Lôn Wen,* cyfeirir at arferiad y tyddynnwr o chwarelwr o gadw stoc fechan o anifeiliaid er mwyn cynnal y teulu. Gwêl Beti Gruffydd ('Rhigolau Bywyd') y ddwy fuwch yn ymlwybro am y beudy 'eu pyrsiau'n ysgwyd fel siglen adenydd a'u tethi yn pwyntio tuag allan fel pigau pennor.' (Yn dilyn y gymhariaeth ceir y troednodiad yn egluro mai 'strap o ledr ar hanner cylch a phigau haearn wrtho, a roddir am drwyn llo rhag iddo sugno ei fam' yw pennor.) Mae Poli'n rhwym wrth y tŷ a'r teulu 'fel buwch a'i phen wrth aerwy' ('Mis Medi') a theulu Ann Owen yn mynd yn reddfol at yr un lle wrth y bwrdd 'fel yr âi pob buwch at yr un rhesel yn y beudy' (*Tegwch y Bore*).

Cyn nos, byddai dodrefn Mrs. Hughes 'wedi ei sgrialu i wahanol gyfeiriadau fel matiau o dan draed ci gwyllt' ('Cathod Mewn Ocsiwn'). Mae'r flwyddyn newydd i Ann 'fel dafad wedi ei chneifio, yn denau ac ysgyrniog' (*Tegwch y Bore*) a chawn Lora, wrth feddwl am y gŵr a'i gadawodd, yn teimlo iddo lithro o'i gafael 'mor sydyn â'r llygoden fawr ym meudy Bryn Terfyn ers talwm, ac mai lliw ei gynffon sy'n aros hwyaf ar fy llygaid, ac nid ef ei hun' (*Y Byw Sy'n Cysgu*).

Perthyn amryw o'r cymariaethau i'r wlad o gwmpas, yn ogystal â'r aelwyd a'r tyddyn. Yn *Y Byw Sy'n Cysgu,* mae Annie'n sylweddoli 'fod yn rhaid i brofedigaeth Mrs. Ffennig aros ar ei phen ei hun ar wahân fel mwdwl ar ganol cae, a'i phroblemau hithau fel y cudynnau gwair a grogai o gwmpas eu godre'. I wr Mari, ymddengys y gorffennol, i'r hen, 'fel gweirglodd wair fawr heb ddiwedd iddi, a gwynt ha' yn tonni ei gwair, a dyn yn cerdded trwyddi a dim ond i ben o yn y golwg' ('Yr Enaid Clwyfus'). Mae'r newid a ddaeth i fywyd Lora Ffennig 'fel dyfod i fynydd heb ei ddisgwyl' a gofid teuluol 'fel taflu carreg i lyn, y tonnau'n crychu am ychydig, y crychni yn ymledu, ac yna yn diflannu.' Daw Bet allan wedi bod yn gweld y meddyg gan deimlo fel petai'n noeth lymun ac yn methu dod o hyd i'w choban:

Nid oedd arnaf eisiau dim yr eiliad honno ond mynd yn neb ac yn
ddim, fel poeri'r gôg yn diflannu oddi ar laswellt. (*Tywyll Heno*)

Hoff gyrchfan Kate pan oedd yn blentyn oedd y
Mynydd Grug, neu Foel Smythaw, ac fe'i gwelodd yn ei
holl dymherau. Niwl y mynydd hwnnw sy'n disgyn yn
gawod oer o ddigalondid ar Bet, *Tywyll Heno*, yn cau'n
gaenen o ddistawrwydd am Wil ('Penderfynu') ac yn
llithro'n feddal i lawr y llethr trwy gyfrwng y gair tlws
'trugaredd', yn gysur i ŵr Mari ('Yr Enaid Clwyfus').

Anaml iawn yr âi i gyfeiriad y chwarel a chip yn unig a
gawn arni. Mae ysgrifen Leusa yn ei llythyr i Wil, 'fel hi ei
hun, yn 'sgubo'r llinellau oddi ar ei ffordd ac yn cyrraedd y
gwaelod fel inclên chwarel' ('Penderfynu') a blynyddoedd
a chydnabod Nathan Huws yn syrthio gyda dail y coed ac
'yn rhedeg i lawr oddi wrtho fel wagen o lechi ar inclên'
('Dau Hen Ddyn'). Cael 'ei naddu oddi ar y ddaear fesul
haen ar ôl haen denau' y mae brawd yr awdures yn 'Dewis
Bywyd' a chyffelybiaethau o fyd y chwarel sy'n pwysleisio
gwaeledd difaol Robat Huw yn y stori 'Heb Gyffro Mwy':

Asgwrn ei lwnc fel bach yn taflu allan, ei wegil fel cefn cyllell . . . a'r
ên bigfain fel myniawyd.

Pethau amheuthun oedd teganau i blant y mynydd-dir.
Creu eu chwaraeon eu hunain a wnaent, gan ddefnyddio'r
adnoddau a oedd wrth law. Yn *Y Lôn Wen,* mae Kate
Roberts yn sôn fel y byddai'r merched bach nad oedd
ganddynt ddolïau yn gwisgo'r gath. Cofio cynhesrwydd a
meddalwch Sgiatan wrth iddi ei magu'n y siôl sy'n peri i
Begw daflu'r ddoli bren i lygad y tân.

Yn stori gyntaf y gyfrol *Te yn y Grug,* ceir cyfeiriad at
ddwy ddol pur wahanol i'w gilydd; y ddoli nain sy'n
gwenu drwy'i sbectol o'r cwpwrdd gwydr a'r ddoli bren
'a'i hen wyneb paent, hyll.' Dol y cas gwydr yw Sioned
Traed Mewn Cyffion, yn cadw ystyr ei dagrau iddi ei hun,
ond y ddol bren yw'r ferch ifanc yn y dafarn, a'r llinell o liw
du sy'n rhedeg o'i llygaid yn peri i Nathan Huws feddwl
'am ddolïau pren ei ieuenctid a'r lliw yn toddi ac yn rhedeg
wrth eu dal o flaen y tân' ('Dau Hen Ddyn'). Mae'r nain yn
y stori 'Yr Apêl' yn teimlo fel dol rwber 'a dŵr yn dyfod

allan drwy dwll yn ei phen wedi ei rywun ei gwasgu', a'r hen wraig sy'n 'Prynu Dol' yn ei gweld ei hun yn blentyn saith oed, swil a diniwed, yn y ddol honno.

Obsesiwn Mrs. J. yn y stori 'Brwydro efo'r Nadolig' (*Prynu Dol*) yw casglu dolïau i'w thŷ. Cred Meg, gwraig y siopwr, mai'r ffaith ei bod heb blant sy'n gyfrifol am hynny; esgus, neu reswm, Mrs. J. yw ei bod am i'w gŵr creulon ei weld ei hun yn y ddol fingam y bu iddi ei dwyn o'r siop. Trwy gyfrwng y dolïau hyn, adleisir y 'Biti ynte?' Symbolau ydynt o'r gorffennol, yn tanlinellu'r teimlad ofnadwy hwnnw fod rhywbeth 'wedi peidio â bod am byth'.

Yr un teimlad sy'n ysu'r mab a'i rieni yn y stori 'Y Daith' (*Prynu Dol*). Mae Dafydd, yr olaf o'r plant i adael y nyth, yn cychwyn am y De. Gwelwn y tad a'r fam yn cario'i focs tun a'i osod ar y frêc 'fel petaent yn cario aberth at allor' a'r tad a'r mab yn eistedd o boptu'r bocs ar y frêc 'fel petaent yn eistedd o boptu arch.'

Dro ar ôl tro, fe'n gorfodir i sylweddoli'r newidiadau a'r colledion a ddaw yn sgîl gormes Amser sydd, fel y dywed Richard yn *Tegwch y Bore*, yn gwella'r briw ond yn caledu'r galon. Yn y gyfrol *Tywyll Heno*, mae Bet yn cymharu'r cyfarfod gweddi i 'hen fynwent a'i cherrig beddi wedi suddo'n wastad a'r ddaear'. Wrth iddi orwedd yn yr ysbyty meddwl, gwêl Jane yn y gwely wrth ei hymyl 'fel delw wen ar garreg fedd' yn un darn gwyn o'i phen i'w thraed 'a'i modrwy ar y cwilt gwyn fel cilcyn o leuad melyn.' Yma, eto, symbol o'r gorffennol yw'r fodrwy, bellach yn ddim ond cilcyn ar fys un sydd wedi gorffen brwydro ac yn aros am y diwedd.

Yn y cwbl o'r cymariaethau hyn gwelwn fel y mae'r defnydd o bethau cynefin yn cyfoethogi'r darluniau a'r cyfan yn blethiad o edeuon yng nghlwm y byd hwnnw y daliodd Kate Roberts ei gafael arno gydol ei hoes, fel y byddai 'dyn yn crafangio â blaenau ei fysedd yn y graig mewn chwarel yn yr ymdrech i gael a chael byw.'

Prin iawn yw'r cymariaethau 'estron' ac er eu bod, oherwydd eu prinder, yn fwy amlwg, maent yr un mor effeithiol yn eu cyd-destun. Mae Bet yn teimlo fel petai'n

sefyll yn ei hunfan mewn amser, 'ac eto'n gorfod symud fel
pe bawn ar y grisiau esgyn yn stesiynau Llundain.' Yn yr
ysbyty meddwl, gwêl y cyntedd 'yn mynd yn bellach ac yn
bellach fel ffordd haearn yn culhau at y gorwel' a Sali 'fel
rhyw Gandhi yn ei choban gwta, efo'i thraed mawr a'i
choesau tenau.' Yn y stori 'Dwy Gwningen Fechan' mae'r
geiriau, wrth i Dan ddechrau adrodd 'yn sboncio o
gwmpas a phwyslais yn newid lle fel taflu peli pwl-awê' a'r
fam falch, ar ei ffordd adref, 'yn cerdded fel paun . . . bron
na welech blu ei chynffon yn agor fel gwyntyll.' I Bet,
Tywyll Heno, mae'r gwallt ar bennau'r merched yng
nghyfarfod Cymdeithas y Gwragedd 'fel wigs cymesur', a
thrwyn y wraig sy'n troi i'w hwynebu 'fel sgwner a âi â hi i
rywle, i'r Merica neu i swydd dda.'

O dro i dro, fodd bynnag, defnyddir cymariaethau sy'n
cynnwys elfennau dieithr, afreal, a hunllefus yn aml, fel
yng nghartwnau'r trwynau crwbi a'r wynebau 'o liw pwti
llwydwyrdd' yn y stori 'Dychwelyd'. Cyfeirir, fwy nag
unwaith, at fywyd fel 'ystafell aros i farw' ac yn y defnydd
o gymhariaeth estyngedig Stafell Cynddylan yn *Tywyll
Heno* plethir y realaeth a'r elfen swreal i greu darlun
ysgytiol. Drwy gaenen o niwl y gwêl y ferch ei rhieni yn
'Dychwelyd'. Drwy ffenestr y gwêl Lora Ffennig y
merched yn y tŷ bwyta, mwg eu sigarennau 'yn hongian yn
yr awyr yn llwyd-olau ysgafn fel sanau neilon yn hongian
mewn ffenestr siop', eu pennau'n troi ar un ochr 'fel
aderyn mewn cawell' a'u hwynebau'n gwbl ddi-fynegiant.
Yn y naill, cwyd y niwl a thry'r afreal eto'n sylwedd; yn y
llall, erys y darlun o ansylwedd yn feirniadaeth lawer mwy
effeithiol ar y gymdeithas gyfoes na'r rhefru cyson.

Gydag eithriad, perthyn y trosiadau, y delweddau a'r
darluniau geiriol i'r un byd. 'Pluen o blentyn' yw Twm
Traed Mewn Cyffion, 'yn mynd heibio i bawb mor ysgafn
fel na thynnai sylw neb.' Y wlad, yn hytrach na'r dref, yw
cynefin Annie Lloyd, a gall Aleth Meurig ddychmygu'i
'gweld yn dawnsio o gwmpas coes cribyn a'i phen ôl yn
dowcian.' Dyn a roddai 'garreg ar ei faw, tae o'n medru'
yw meistr crintachlyd John, mab Ann Ifans *Traed Mewn
Cyffion* ond 'pagan gonest' yw Dewyth Edward *Y Byw*

Sy'n Cysgu, sy'n torri deunydd ei eiriau 'yn glir efo siswrn miniog heb adael dim rafflins ar ôl.'

Un o'r darluniau mwyaf ysgytiol a chwerw-drist yw'r un o'r cyn-chwarelwr gwael, Dafydd Gruffydd, yn golchi ei ddwylo:

> Yr oedd ganddo arferiad o roi'r lliain sychu rhwng ei fysedd, a sylwai fod ei ddwylo'n myned yn lanach y naill ddydd ar ôl y llall, a bod y sêm o lwydni llwch chwarel yn diflannu oddi rhwng ei fysedd' ('Y Condemniedig').

Yn y stori 'Henaint', mae ffrind Twm yn sylwi bod ei ddwylo'n lân, er bod ei wyneb yn felyn a thenau. Wrth gyfeirio at hyn, yn ei sgwrs â Saunders Lewis, meddai Kate Roberts:

> Dywediad y myfyriwyd yn hir arno yw hwnna, ac mae mor syml fel y gellir myned heibio iddo fel enghraifft o arddull hollol foel a diwerth. Ond mae dweud hynyna am chwarelwr, y mae semiau llwch llechi a dŵr wedi caledu hyd ei fysedd, yn dangos hyd ei gystudd (*Crefft y Stori Fer*).

Dychwelodd Dafydd adref 'fel dyn euog yn dyfod o'r carchar'. Fel y cyfeiriwyd eisoes, lle dieithr oedd y cartref hwn i un a fu'n treulio rhan helaethaf ei oes yn y chwarel. O'i wely, gall weld ychydig o'r gegin 'fel petai yn ei gweled mewn drych'. Adleisir yr un elfen afreal yng ngeiriau Ffebi Beca, *Stryd y Glep:*

> Mae marw yn beth rhyfedd: mae fel drych a dyn yn sefyll o'i flaen, a chwithau tu ôl i'r dyn. Y chi yn gweld y dyn yn y drych ond ef heb fod yn eich gweld chi.

Mae cyflwr meddyliol Bet, *Tywyll Heno*, yn ei galluogi i weld yr hyn sydd o'r golwg yn llawer cliriach, 'fel pe bai gwydr yn lle cnawd ar ben bawb, a minnau'n gallu gweld trwyddo i waelod eu meddyliau'.

Er i ambell un o'r plant sydd ynghlwm wrth eu cynefin orfod ei adael, ânt ag ef i'w canlyn. Daw chwa o dristwch dros Loli wrth iddi gadw cynnwys ei phac yn y drôr wedi iddi gyrraedd y Garreg Lwyd, oherwydd bod 'Bwlch y Gwynt yn y pac ac ym mhlygion y dillad' (*Laura Jones*). Mae Dafydd yn arswydo rhag agor ei becyn brechdanau yn y trên ar y ffordd i'r De:

> Yn y pecyn yr oedd ei gartref a phopeth a gynrychiolai. Ynddo yr
> oedd y llinyn a'i daliai wrtho; y peth hwnnw a'i tynnai'n ôl gyda
> phlwc . . . Gwyddai, dim ond iddo agor y pecyn, y byddai'r peth
> yna, y cwlwm, yno yn y frechdan ('Y Daith': *Prynu Dol*).

Yn ei llety digysur, cawn y Loti Owen amddifad yn
eistedd wrth 'bioden o rât yn ei pharlwr, grât du gwag a
gwyntyll o bapur gwyn yn ymledu fel pâr o esgyll ar ei
draws' (*Tegwch y Bore*).

Yma, fel mewn sawl lle arall, gwelwn ddawn Kate
Roberts i greu awyrgylch. Ceir cyfuniad o'r holl syn-
hwyrau yn y disgrifiad o feudy Dôl yr Hedydd yn y stori
'Rhwng Dau Damaid o Gyfleth' (*Rhigolau Bywyd*):

> Yr oedd ei awyr yn gynnes oddiwrth anadl y gwartheg, ei
> barwydydd yn fudr gan lwch a gwe pry copyn a gluod. Symudai ei
> gysgod ef (sef Dafydd Tomos) a Geini'n fawr ar y pared wrth
> iddynt symud yn ôl a blaen rhwng y cwt gwair a rhesel y fuwch.
> Rhes o lygaid mawr yn troi arnynt dros ymyl y rhesel a gyddfau'n
> symud yn ôl ac ymlaen. Yna'r pennau'n diflannu a thafodau yn
> cyrlio am y gwair o dan y rhesel a sŵn y gwair fel papur sidan.

Yn stori 'Y Taliad Olaf' (*Ffair Gaeaf*), mae Ffanni
Rolant hithau'n ymwybodol o'r cysgodion a deflir ar y
silffoedd, yr aroglau cynefin a'r anger llwyd hyd y ffenestr
yn siop Emwnt:

> Yr oedd y cyfan, y distawrwydd a'r ofn, fel gwasanaeth y cymun,
> a'r siopwr yn y pen draw yn gwargrymu wrth ben y llyfrau.

Ar waethaf llawenydd Ffanni o allu clirio'i chownt am y
tro cyntaf erioed, mae'r stori'n cloi â'r frawddeg eironig,
ond creulon o wir:

> Edrychodd drwy'r ffenestr lwyd, a gwelai'r siopwr eto a'i ben i
> lawr dros lyfr rhywun arall.

Go brin fod yn ei holl weithiau yr un disgrifiad mwy
cofiadwy na'r un yn y stori 'O! Winni! Winni!' (*Haul a
Drycin*), stori a gyhoeddwyd yn *Y Faner* yn 1963, o
Winni, sydd bellach yn gweini'n y dref, yn troi am adref i
dreulio dydd Nadolig:

> Wrth adael y dref a'i goleuadau daeth digalondid dros Winni eto.
> Pethau trist oedd goleuadau'r dre; yr oeddynt yno i oleuo'r ffordd i
> draed pobl a frysiai adref o gyfarfodydd; dangosent wynebau pobl
> yn llwydion, fel pe baent newydd fod yn crio, neu fel pe baent yn

hiraethu, fel hi ei hun, am rywbeth na fedrent ei gael . . . Yr
oeddynt yn dristach yn awr wrth edrych arnynt o'r frêc o ben yr
allt ar y ffordd, fel pe baent yn cynnau i neb ond iddynt hwy eu
hunain yn eu hunigrwydd.

Yr oedd y ffin rhwng afon Menai wedi diflannu a gwneud un
clwt glas tywyll o'r wlad. Wrth edrych i'r bryniau lle'r oedd ei
chartref, yr oedd y goleuadau yno yn dristach fyth, fel canhwyllau
cyrff, neu 'olau bach diniwed', fel y galwai plant yr ardal hwy, a
gorchudd o niwl drostynt.

Tybed a fu i Kate, wrth iddi ddychwelyd dros dro i'w
chartref, goleddu'r un teimladau â Winni o sylweddoli nad
oedd, bellach, yn rhan annatod o'i chynefin?

Fel y chwarelwr a grafangai am y graig, daliodd hithau
ei gafael ar eiriau llafar ac idiomau ei chynefin. Yn 'Y
Darlun Diwethaf' (*Y Lôn Wen*) mae'n drwm ei llach ar yr
iaith wael a glyw ym mhobman o'i chwmpas:

Yr wyf yn Ninbych ers chwarter canrif, yn byw mewn tref na
chlywaf fawr iawn o Gymraeg: hynny sydd yma mae'n Gymraeg
sâl, hyd yn oed yn y capel . . . Ar draws y blynyddoedd, o'r hyn a
sgrifennais daw lleisiau pobl a allai siarad yn gyhoeddus mewn
Cymraeg cyfoethog, a allai weddio mewn geiriau coeth.

Rheidrwydd oedd cynnwys 'hen eiriau anghofiedig yr
iaith Gymraeg' yn ei gweithiau, nid yn gymaint er mwyn y
darllenwyr, ond er ei mwyn ei hun. Y geiriau hyn oedd yr
edeuon a'i daliai wrth ei chartref a'i chymdeithas ac a'i
tynnai'n ôl gyda phlwc.

Yn ei rhagair i *Laura Jones,* mae'n ateb beirniadaeth
athrawon ysgol ac eraill fod tuedd mewn awduron i or-
ddefnyddio'r iaith lafar. Meddai:

I mi, byddai rhoi Cymraeg llyfr yng ngenau cymeriadau stori, yn
enwedig pobl cefn gwlad, yr un peth â mursendod yn y cymeriadau
eu hunain. Peth arall, fe gollid llawer idiom sy'n prysur fynd ar goll
wrth roddi iaith llyfr yng ngenau'r cymeriadau, oblegid mae iaith
llyfr heddiw yng Nghymru yn beth glasdwraidd iawn.

Cyfeirio'n ôl yr oedd, yn ddiau, at sylwadau Gwenda
Gruffydd yn *Y Llenor,* 1927. Ei hofn hi oedd na fyddai'r
'llyfr bach deniadol', *Deian a Loli,* yn gwbl ddealladwy
ond mewn un rhan o Gymru. Holai tybed nad oedd yn
bosibl ysgrifennu mewn iaith a fyddai'n ddealladwy i
bawb.

Tynnodd Iorwerth C. Peate sylw at ragair Kate Roberts yn ei adolygiad ar y gyfrol yn *Y Llenor,* 1931 gan honni ei bod wedi camddeall problem tafodiaith yn llwyr:

> Pe gofelid yn y gyfrol hon rhag ysgrifennu'n llac ac yn anghywir, fe ochelid *pob un* o'r 'camgymeriadau' a enwir yn y rhagair heb niweidio dim ar dafodiaith y stori ond ei gwneuthur yn hytrach yn llawer mwy dealladwy i ddarllenwyr ardaloedd eraill Cymru.

Mae Morris Thomas, yntau, yn ei adolygiad ar *Traed Mewn Cyffion* yn *Y Traethodydd,* 1936 yn synnu iddi fentro defnyddio cymaint o eiriau tafodieithol a all fod yn rhwystr i ddieithriaid fwynhau'r stori.

Nid yw hyn yn poeni dim ar Saunders Lewis, fodd bynnag. Aeth ef dros ben llestri â'i ganmoliaeth wrth gyfeirio at y geiriau cyffredin sy'n disgleirio 'ar linyn ei chystrawen draddodiadol megis paderau o'r dwyrain.'

Mewn ysgrif yn *Y Llenor,* 1931, 'Tafodiaith Mewn Storïau', mae Kate Roberts yn cyfaddef iddi gael ei themtio i ysgrifennu beirniadaeth lem ar yr adolygwyr a fu'n condemnio ei defnydd o dafodiaith, ac â rhagddi i wneud hynny. Swydd yr awdur, meddai, yw meddwl am y bobl y mae'n eu creu yn hytrach na'i ddarllenwyr a bod yn driw iddynt hwy. Pe rhoddai gwir artist funud o'i feddwl ar ei ddarllenwyr ni fyddai'n waeth iddo roi'r ffidil yn y to ddim.

Ceir enghreifftiau o'r awdures yn ymroi ati'n fwriadol i atgyfodi hen eiriau anghofiedig yr iaith yn y storïau 'Yr Enaid Clwyfus' a 'Prynu Dol'. Dwy wraig sy'n rhoi mynegiant iddynt, eu tafodau'n eu blasu a'u clustiau'n ymhyfrydu'n eu seiniau. Cofiwn fel y byddai'r Kate ifanc yn teimlo fod ei thafod wedi chwyddo wrth geisio siarad Saesneg pan aeth i Ysgol Sir Caernarfon.

Gallai'r ysfa hon fod wedi tyfu'n obsesiwn, ond bodlonodd, yn hytrach, ar gynnwys yr hen eiriau yma ac acw, ac eithrio'r enghreifftiau uchod. Bu Bruce Griffiths yn feirniadol o'r duedd i or-ddefnyddio geiriau tafodieithol yn ei adolygiad ar *Prynu Dol* yn *Y Genhinen,* 1970:

> Rhaid osgoi'r duedd i ganmol 'hen eiriau' yn unig am eu bod yn hen: dylid eu defnyddio am eu bod yn mynegi rhywbeth, waeth be' fo blwyddyn eu bathiad.

Ond onid cyfrwng mynegiant oeddynt i Kate Roberts, yn adleisio'r sgwrsio brwd a fu ar yr aelwyd? Pa wahaniaeth fod geiriau ac ymadroddion fel 'rhidyll gynthron; yn bentraffollach; miri mwd; fflabardiau; pwdin teim a ffydleman' yn ddieithr inni? Nid yw'n anodd dyfalu eu hystyron a rhoddant liw llawer cryfach ar ddarluniau a disgrifiadau nag un y pastel.

Gellir yn hawdd ddychmygu'r hwyl a gafodd o roi i Mari 'Yr Enaid Clwyfus' ddisgrifiad o Williams mewn geirfa 'na wyddai'r bobol yna sydd yn gweithio ar y Geiriadur Mawr ddim amdani', yn ogystal â chael gwared â pheth o surni'r stumog:

> Rhyw silidon, rhyw chwisl dun fel yna, sgellyn sgellog dau ben pennog, yr hislen ddefaid, y pendew stylcaidd iddo fo; yr hen standiffollach bach balch; rhyw chwydling fel yna . . .

Yn Winni Ffinni Hadog, manteisiodd ar y cyfle i liwio'r iaith lafar â ffraethineb yr eirfa garidymaidd na chlywid mohoni ar aelwyd Cae'r Gors. Pa ryfedd iddi fwynhau ysgrifennu *Te yn y Grug* yn fwy na'r un gyfrol arall?

Yr oedd dirywiad yr iaith yn boen calon iddi. Cyfeiria ym mhob un o'i beirniadaethau'n yr Eisteddfod Genedlaethol at yr iaith wallus, yr anwybodaeth o lenyddiaeth Cymru, yr idiomau Saesneg a diogi meddwl y Cymry dwyieithog. Meddai yn ei beirniadaeth ar y nofel yn Eisteddfod Genedlaethol Glynebwy, 1958:

> Melltith awduron Cymru heddiw yw eu bod yn pori yn Saesneg ac yn ceisio ysgrifennu yn Gymraeg.

Ei chyngor yw ar iddynt ddarllen y Beibl a Daniel Owen.

Nid ffrilen ar gorff o waith oedd iaith i Kate Roberts. Credai fod yn rhaid i hyd yn oed iaith ac arddull dyfu allan o brofiad ac nad oedd synnwyr mewn brawddeg heb iddi fod yn fynegiant cywir o'r profiad hwnnw. Dyna, iddi hi, 'ystyr y dywediad mai'r dyn ei hun yw ei arddull' (*Crefft y Stori Fer*).

Gallai Saunders Lewis glywed Kate Roberts yn llefaru trwy gyfrwng ei rhyddiaith ac iddo ef yr oedd ei llyfrau yn barhad o'i chwmni.

Nid oes amheuaeth na fu i'r profiad o ysgrifennu'n gyson i'r wasg dros nifer helaeth o flynyddoedd ddylanwadu ar ei dull o ysgrifennu. Gallai'r gofynion newyddiadurol fod wedi tagu'r ddawn greadigol yn ambell un, ond manteisiodd Kate Roberts ar y ddisgyblaeth honno a'r elw o gael byw'n wastadol yng nghwmni geiriau.

Anwylodd rai geiriau, fel yr anwylai'r awdures y tri llyfr tywyll. Yn naturiol ddigon, gwneir defnydd helaeth o'r 'cofio' a'r 'cofiai' a chawn fod y geiriau 'brwydro; dioddef; hunanoldeb; neb; pawb; ofnadwy; rhagrith; rhaid a syrffed' yn brigo i'r wyneb dro ar ôl tro. Amlygir ei hymwybyddiaeth o bŵer a gwerth gair yn ei defnydd o gysyllteiriau ac yn yr ail-adrodd effeithiol ar eiriau allweddol. Gwelir y ddawn hon ar ei gorau yn y stori 'Dychwelyd' (*Gobaith*) lle mae'r ail-adrodd ar frawddegau fel 'Ydach chi'n cofio?' a 'Lle mae'r lleill?' yn creu naws a rhythm ac yn sicrhau undod mewnol yng ngwaith un na fu ganddi erioed fawr o ddiddordeb yn undod allanol techneg stori a nofel.

Yn ei sgwrs ag Aneirin Talfan Davies, mynnai fod yn rhaid cyfuno tafodiaith â'r iaith lenyddol. Llwyddodd i wneud hynny'n gelfydd, mewn traethiad a deialog. Yn 1958, meddai wrth Gwilym R. Jones mewn ateb i'w sylw fod mwy o sgwrsio yn ei storïau diweddar:

> Mae dyn yn dweud mwy am ei gymeriad mewn sgwrs fer, nag y geill penodau o ddisgrifio gan yr awdur ei wneud. Hefyd mae sgwrsio yn dyfod yn naturiol rywsut i mi, oherwydd fy nghodi ar aelwyd lle'r oedd sgwrsio tragwyddol. Byddaf yn clywed y sgwrsio hwnnw yn fy nghlustiau o hyd (dyna sut y gallaf gadw fy idiomau Cymraeg) er bod y lleisiau eu hunain wedi tewi ers llawer blwyddyn.

Gwêl yr Athro J. E. Caerwyn Williams y sgyrsiau fel brig mynydd iâ, sy'n awgrymu'r dyfnder o dan yr wyneb.

Cyfeiriwyd eisoes at ei dewis bwriadol o enwau priod a'r duedd i ddefnyddio enwau Saesneg rhodresgar ar y cymeriadau duon. Cyffredin a di-fflach yw teitlau'r storïau, ac eithrio 'Rhwng Dau Damaid o Gyfleth', 'Yr Enaid Clwyfus' a 'Cathod Mewn Ocsiwn'. Mabwysiadodd yr arferiad o ddefnyddio teitl stori yn deitl cyfrol, ar wahân i'r gyfrol gyntaf *O Gors y Bryniau* a *Hyn o Fyd*. Mae mwy o arwyddocâd i deitlau'r cyfrolau eraill ac fe'u cyfoethogir â'r cysylltiadau llenyddol, yn arbennig felly y stori fer hir, *Tywyll Heno*.

Er nad oes gofyn bod yn gyfarwydd â'r clasuron i ddeall ei gweithiau, mae gallu olrhain ffynonellau a'u cydio wrth y cyd-destun yn ychwanegu at ddimensiwn stori a nofel. Onid yw darllen ei sylwadau ar *La Nausée*, stori ar ffurf dyddlyfr gan Jean-Paul Sartre yn 'Hen Fenyw fach Cydweli' (*Erthyglau ac Ysgrifau Kate Roberts* a *Llafar*, 1951) yn taflu goleuni ar ysfa ddyddiadurol Ffebi Beca a Lora Ffennig?:

> Wrth droi i mewn i ni ein hunain, yr ydym yn ceisio 'nabod pobl eraill. Cymharu a chyferbynnu y byddwn, gweld pethau yr un fath yn ein bywyd ni a bywyd pobl eraill, a chymharu a chyferbynnu yw prif hanfodion ysgrifennu llenyddiaeth.

Meddai T. H. Parry-Williams yng nghwpled clo ei gerdd 'Geiriau':

> Ond wrth ymyrraeth â chwi oll ac un,
> Mi gefais gip ar f'anian i fy hun.

Cofiwn fel y bu i Kate Roberts ddweud wrth Saunders Lewis yn *Crefft y Stori Fer*:

> Bu'n frwydr galed, bu'n rhaid imi ymladd megis â'r Diafol ei hun i ffrwyno fy nheimladau a chael fy nghymeriadau i'r un tir o dawelwch.

Dychwelwn ar gylch i'r man cychwyn, sef *Y Lôn Wen*. Yn y bennod olaf, 'Y Darlun Diwethaf', dywed fel y bu iddi ddod ar draws ysgerbwd pry Gwas Neidr a roesai ei mam rhwng tudalennau llyfr Ffransis Sant yn 1917:

> Ei esgyll a'i gorff yn berffaith, ond fod ei ben wedi dyfod yn rhydd. Gwythiennau ei esgyll sydd yno, yn rhwyllwaith mor fain ag edafedd y gwawn. Maent wedi cadw yn berffaith. Maent yn farw. Maent yn hen.

Ond trwy gyfrwng y cofio daeth cryndod i wythiennau'r corff marw, a daeth yn fyw. Rhoddwyd y pry yn ôl rhwng y tudalennau ond erys cynnyrch cyfoethog y cofio yn fyw ar dudalennau ei chyfrolau hi.

Yn y stori 'Yr Atgyfodiad' (sylwer ar addasrwydd y teitl

hwn) lle'r adleisir Englynion y Beddau, cawn y wraig yn gweld ei ffurf ei hun yn ei chôt lofft sy'n 'crogi ar fach tu cefn i'r drws, ei breichiau a'i hysgwyddau yn disgyn yn llipa', a ffurf ei dwylo ym mysedd gwag y menyg ar y bwrdd ymwisgo, fel y gwelsai gwraig arall (neu'r un wraig, efallai) ei hun yn y ddol. Mae'n holi:

> Petawn i wedi marw, a welai rhywun fy nghorff yn y gôt a'm dwylo yn y menyg fel y gwelais i? Cneuen goeg yn troi yn fywyd . . . Heddiw fel hyn, yfory beth a fydd? A fydd rhywun ar ôl yn y byd i ofyn 'Piau y bedd hwn?'

Sicrhaodd ei chyfraniad unigryw i'n llenyddiaeth y bydd rhai ar ôl i ofyn y cwestiwn, ac i allu gweld ei ffurf yng ngwisg raenus y geiriau a blethodd am ei meddyliau a'i syniadau, a hynny tra pery'r iaith Gymraeg.

> O gronni llif yr ysgrifen — treiddiodd
>   at wreiddyn llythyren,
>   a daliodd ar dudalen
>   ei hadlais â llais ei llên.

> Gwau y geiriau o garreg — a nyddu'r
>   rhuddin i bob brawddeg;
>   cyweirio a brodio breg
>   â grym edau'i gramadeg.

> O roi'i bryd ar adfer bro
> i'w llawenydd, bu'n llunio
> o egin ei gwerin gaeth
> aur linyn yr olyniaeth.
> Rhoddodd i'w hiaith ei rhyddid,
> i'r prin ei drysorau prid;
> achub y pethau bychan,
> dyfnu maeth o'i dafnau mân;
> Cywain o bridd y cawn bras,
> o'r llwch, harddwch ac urddas.

(Eigra Lewis Roberts)

CYFROLAU KATE ROBERTS

O Gors y Bryniau: Naw stori fer
Hughes a'i Fab, Wrecsam, 1925.

Deian a Loli: Stori am blant
Hughes a'i Fab, 1927.

Rhigolau Bywyd a Storïau Eraill
Gwasg Aberystwyth, Aberystwyth, 1929.

Laura Jones
Gwasg Aberystwyth, 1930.

Traed mewn Cyffion
Gwasg Aberystwyth, 1936.

Ffair Gaeaf a Storïau Eraill
Gwasg Gee, Dinbych, 1937.

Stryd y Glep: Stori hir fer ar ffurf dyddiadur
Gwasg Gee, 1949.

Y Byw sy'n Cysgu
Gwasg Gee, 1956.

Te yn y Grug: Cyfrol o storïau byrion
Gwasg Gee, 1959.

Y Lôn Wen: Darn o hunangofiant
Gwasg Gee, 1960.

Tywyll Heno: Stori fer hir
Gwasg Gee, 1962.

Hyn o Fyd: Llyfr o storïau
Gwasg Gee, 1964.

Tegwch y Bore: Nofel
Gwasg Gee, 1967.

Prynu Dol a Storïau Eraill
Gwasg Gee, 1969.

Gobaith a Storïau Eraill
Gwasg Gee, 1972.

Yr Wylan Deg
Gwasg Gee, 1976.

Haul a Drycin a Storïau Eraill
Gwasg Gee, 1981.

9, 25-26, 29-31
48-50   55
77-78   91-93*
8
110   114

P. Signed your review - DS
P.2 ?? 66